Jost Müller-Bohn

Spurgeon – ein Mensch von Gott gesandt

Verlag der
St.-Johannis-Druckerei
C. Schweickhardt
Lahr-Dinglingen

CIP-Kurztitelaufnahme der Deutschen Bibliothek:

Müller-Bohn, Jost
Spurgeon, ein Mensch von Gott gesandt – Lahr-Dinglingen: Verlag der St.-
Johannis-Druckerei C. Schweickhardt, 1978. (TELOS-Bücher; Nr. 2021: TELOS-
Erzählende Paperbacks)

ISBN 3 501 02021 X

TELOS-Erzählendes Paperback Nr. 2021
4. Auflage 19.–21. Tausend
Umschlag: Foto Erika Burk
© 1978 by Verlag der St.-Johannis-Druckerei C. Schweickhardt
Lahr-Dinglingen
Gesamtherstellung:
St.-Johannis-Druckerei C. Schweickhardt, 7630 Lahr-Dinglingen
Printed in Germany   9085/1987

Inhalt

Spurgeon

Wer war dieser Spurgeon?

»Es war ein Mensch, von Gott gesandt, der hieß C. H. Spurgeon.«
»Der kam zum Zeugnis für Tausende, daß er von dem Licht zeugte,
auf daß sie alle durch ihn glaubten. Er war nicht *das Licht*, sondern
er zeugte von *dem Licht!*«

Diese Worte der Heiligen Schrift wollen wir dem Manne zueignen,
der schon zu Lebzeiten der »Fürst unter den Predigern« genannt
wurde. Professor Helmut Thielicke schreibt über ihn: »Mitten im
theologisch so verrufenen 19. Jahrhundert hat es einen Prediger gegeben, dessen allsonntägliche Gemeinde aus mindestens 6000 Hö-
rern bestand, dessen Predigten lange Jahre hindurch an jedem Montag nach New York gekabelt wurden, um in der führenden Presse
des Landes abgedruckt zu werden, und der fast vierzig Jahre auf
derselben Kanzel gestanden hat, ohne daß die strömende Fülle seiner Verkündigung je abgenommen, ohne daß er sich je wiederholt
oder leer gepredigt hätte.« –

*»Hier war das Wunder eines Busches, der ›im Feuer brannte und
doch nicht verzehrt wurde‹«* (2. Mose 3, 2).

Ludwig van Beethoven sagte einst über den großen Musiker Johann
Sebastian Bach: »Nicht *Bach,* sondern *Meer* sollte er heißen!«
Ebenso könnte man C. H. Spurgeon mit einem unausschöpflichen
Ozean vergleichen. Er wirkte wie ein Vulkan, dessen unaufhörlich
fließende Lavaströme sich nicht erschöpften.

Das Geheimnis seiner geistlichen Kraft und das seiner großen Er-
folge war ganz einfach der »Schöpfergeist Gottes« in ihm, der durch
ihn redete und wirkte. Sein Freund Lockhart schrieb: »Es war weder seine Stimme noch seine Fähigkeit, Illustrationen zu gebrauchen; es war weder seine Bibelkenntnis noch seine puritanische
Sondernote; nicht seine Art des Schauens oder Sehens; nicht seine
Gabe, sich in reinem Englisch auszudrücken; nicht sein Mutter-
witz, nicht seine löwenartige Kühnheit und auch nicht sein Zartge-

fühl, das ihm oft die Tränen in die Augen trieb – keines dieser Dinge war es allein, sondern alles miteinander.«

J. W. Ewing, einer seiner tüchtigen Nachfolger, die aus Spurgeons Predigerseminar hervorgegangen waren, beurteilte seinen Lehrer folgendermaßen: »Welches war nun das Geheimnis Spurgeons? Nach meiner Meinung war es nicht eine einzelne Gabe, sondern eine Vereinigung vieler Kraftquellen: seine Stimme, klar und glokkenrein; sein Geist voller Humor und seine Gedankenblitze, sein vorzügliches Gedächtnis, seine geistliche Einstellung, sein zartes Empfinden sowie seine hohe rednerische Begabung. Soviel man aber auch von seiner persönlichen Begabung reden mag, es reicht noch nicht aus, um sein Geheimnis zu umschreiben. Seine Hauptkraft war das Evangelium der erlösenden Liebe, das er predigte, und die sichtbar auf ihm ruhende Salbung des Heiligen Geistes. Ich erinnere mich noch eines Sonntags im Tabernakel. Ich saß auf der obersten Galerie nahe bei der Uhr und konnte von oben herab auf Spurgeon und das Menschenmeer um ihn herum schauen. Als er sprach, hörten wir fast vernehmlich das gewaltige Rauschen des Heiligen Geistes. Der Eindruck war überwältigend. Gott sprach durch seinen Propheten zu uns, und das nicht nur ein einziges Mal!«

In Spurgeon vereinigten sich die Gaben des Evangelisten mit denen des Hirten und eines von Gott gesandten Lehrers. Deshalb wird er kirchengeschichtlich für alle Zeiten als einer der Größten herausragen:

»Es war ein *Mensch* von *Gott* gesandt, der hieß

C. H. Spurgeon.«

Er selbst deutete das Geheimnis seines geistlichen Lebens, als er über die großen Offenbarungen des Apostels Paulus sprach, die jenem zuteil geworden waren, mit folgenden Worten: »Wenn ich noch weitergehe, könnte ich des Fanatismus beschuldigt werden. Aber ich glaube und werde es immer behaupten, daß es Zeiten gibt, wo der Christ ganz nahe der Himmelstür weilt. Wenn ich nicht selbst bis auf einen Zoll an die Perlentore herangekommen wäre, stünde ich nicht hier. Wenn ich nicht den Weihrauch der himmlischen Kerzen eingesogen und die Töne der Engelsharfen vernommen hätte – ich glaube, ich fände nicht den Mut, so kühn zu reden.

Es gibt Zeiten der Verzückung, in denen ich die höchsten Berge erstiegen, in denen ich etwas von himmlischem Geflüster vernommen habe. Wer das erlebt hat, sagt mit jenem alten Heiligen: Laß mich lieben, oder ich sterbe!«

Nun sollte niemand meinen, Spurgeon sei alle Zeit der anerkannte, geliebte und unangefochtene »Fürst unter den Predigern« gewesen. Ins allgemeine Rampenlicht der religiösen wie auch weltlichen Kritik gestellt, mußte er einen sprühenden Feuerregen von Meinungen, Verdächtigungen, Verleumdungen und Anschuldigungen über sich ergehen lassen.

»Spurgeon? – Ein großer Humbug! – Ein Witzereißer auf der Kanzel . . .«, nannte ihn ein angesehener Engländer. »Dieser grüne Londoner Prediger ist ein Schauspieler an heiliger Stätte, der sich nicht einmal scheut, während der Predigt am Geländer der Kanzel herunterzugleiten, um zu zeigen, wie schnell ein Sünder in die Hölle fährt«, meinte ein anderer. Journalisten benutzten diese Verleumdung, um eine Karikatur Spurgeons zu publizieren, wie er am Geländer einer Kanzel herunterrutscht. Aber es war eine üble Nachrede, die sich selbst Lügen strafte, da die Kanzel in dem damaligen Gotteshaus gar kein Geländer besaß!

»Laß dich nicht gelüsten deines Nächsten Esels!« antwortete ein damals bekannter Bischof, als er gefragt wurde, ob er es nicht bedaure, daß dieser weltbekannte Prediger kein Mitglied seiner Kirche sei. »Dieser Knabenprediger« – »dieser junge Mann vom Lande« – »dieser Essexjüngling, was der sich wohl einbildet!« äußerten jugendliche Passanten aus vornehmen Häusern, als man sie befragte. »Spurgeon? – Nichts weiter als ein religiöser Marktschreier«, war das Urteil seiner Kritiker.

Doch Spurgeon ging unbeirrt seinen Weg, lüftete seinen Hut und meinte sarkastisch: »So bin ich doch wenigstens etwas!«

In einer Londoner Zeitung konnte man folgendes lesen: »Mancher wird angeekelt dieser lärmenden Masse den Rücken kehren. Man denkt eher an einen Zirkus als an ein Gotteshaus. Man ist empört über diese Gebete aus dem Stegreif, über diese Art Beredsamkeit, über die Enge dieses Glaubensbekenntnisses, über diese armselige Vertretung des herrlichen Evangeliums des großen Gottes, über soviel Dummheit, die sich da breitmacht. Man entfernt sich mit dem Gedanken, daß Spurgeon der jüngste, lauteste und berüchtigste Prediger Londons ist. Er ist der Götze derer, die nicht ins Theater gehen dürfen und die doch gern ein bißchen Theater haben möchten!«

Diese bissigen Kritiken erreichten jedoch vielfach das Gegenteil, sie waren die billigste und zugkräftigste Reklame! Spurgeon wurde zum Stadtgespräch und weit über die Grenzen des Landes hinweg eine der interessantesten Figuren. Viele kamen in die große Konferenzhalle zunächst nur mit dem Wunsch, doch einmal dem Schauspiel beiwohnen zu dürfen und den größten religiösen Komödianten in Ekstase zu erleben. Wer aber Spurgeon zum erstenmal hörte, wurde von der Vollmacht und Überzeugungskraft des Redners gepackt, so daß viele, dadurch eines anderen belehrt, zum lebendigen Glauben an Gott kamen.

Wer war dieser Spurgeon nun? Wo kam er her?

Spurgeons Herkunft

Die besondere Prägung des unvergleichlichen »Fürsten unter den Predigern« könnten wir nur mangelhaft verstehen, würden wir nicht um den Glaubensmut und die Standhaftigkeit seiner Vorfahren wissen. Der Name *Spurgeon* erscheint bereits im 16. Jahrhundert. Zu der Zeit wütete die unheimliche Geißel der Inquisition in den Niederlanden. Nach dem Tode des Herzogs von Alba im Jahre 1582 blieb diesem der traurige Ruhm eines Gottlosen, der durch öffentliche Hinrichtungen nicht weniger als 18 000 sogenannte Ketzer hatte ermorden lassen. Das fruchtbare, blühende Land zwischen Nordsee und Rhein war in eine grauenvoll verwüstete Landschaft verwandelt worden. So weit das Auge blicken konnte, bot sich ihm ein düsteres Bild der Vernichtung: brennende Behausungen von Menschen, Scheiterhaufen und Hinrichtungsstätten der Märtyrer um des Glaubens willen. Die gesamten Provinzen der Niederlande waren zum Kampfplatz der abendländischen Großmächte geworden. Tausende von Protestanten versuchten, durch Flucht eine neue Heimat zu finden.

Die Vorfahren Spurgeons erhielten in Ostengland eine Zufluchtsstätte. Diese niederländischen Christen brachten als Flüchtlinge nicht nur ihre Liebe zur Glaubensfreiheit und ihre Treue zum Wort der Heiligen Schrift mit, sondern sie waren auch fleißige Handwerker und Gewerbetreibende. Gemeinsam mit den aus Frankreich vertriebenen Hugenotten legten sie einen guten Grund in verschiedenen Zweigen der englischen Wirtschaft.

Spurgeons Vorfahren waren gottesfürchtige, aufrichtige Bürger, die bald das Vertrauen und die Achtung der Einwohner in der neuen Heimat gewannen. Der Urgroßvater Spurgeons war ein Mann von echter puritanischer Prägung. Seine Frau wachte mit mütterlicher Liebe über der geistlichen Entwicklung ihrer Kinder. Es war deshalb nicht ungewöhnlich, daß von dieser Zeit an ununterbrochen eine Reihe Männer als Diener Gottes aus der Familie hervorging.

James Spurgeon, der Großvater von Charles, wurde am 29. 9. 1776 in Halstead, in der Grafschaft Essex gelegen, geboren. Es wird von ihm berichtet, daß er schon als junger Mann sehr ernst und dem Worte Gottes ergeben gewesen sei. Er wurde Mitglied in der Independent-Gemeinde von Halstead. Bis zu seinem 26. Lebensjahr übte er einen bürgerlichen Beruf aus, wandte sich dann aber dem geistlichen Studium zu. Im Jahre 1802 trat er in die theologische Lehranstalt in Hoxton ein. Nach zweijähriger Ausbildung übernahm er im Ort Care in Suffolk die schwierige Aufgabe, eine in geistlichen Verfall geratene Independent-Gemeinde wieder neu zu beleben. Bald danach wurde er zum Prediger dieser Gemeinde ordiniert, die unter seinem Einfluß geistlich erblühte. Im Jahre 1810 wurde James Spurgeon von der Gemeinde in Stambourne in Essex zum Gemeindeprediger berufen. Nach 54 Amtsjahren in diesem Ort konnte der achtzigjährige Prediger sagen:»Ich habe auch nicht eine unangenehme Stunde mit meiner Gemeinde gehabt, seit sie mir anvertraut wurde.«

Sein Enkel Charles, der ein besonderer Liebling des Großvaters war, spürte noch den Geist der Erweckung, der in diesem kleinen Ort und seiner Umgebung herrschte. Die lebhaften Gebetsversammlungen wurden vornehmlich von Jugendlichen besucht. Durch die guten Zeichen Gottes ermutigt, bekannte der beliebte Gemeindehirte James Spurgeon:»Solange Gott diese Leute willig macht zu kommen, und solange Seelen gerettet werden, werde ich mein Amt nicht niederlegen.«

Am 12. Februar 1864, als sein Enkel Charles bereits dreißig Jahre alt wurde und schon als bekannter Prediger in der Weltstadt London das Wort Gottes verkündigte, ging sein Großvater im 88. Lebensjahr heim zu seinem Herrn, dem er Treue gehalten hatte bis ans Ende seines Lebens.

Prediger John Spurgeon, der Vater von Charles, war ein ebenso beliebter Seelsorger, der im Umgang mit seinen Gemeindemitgliedern stets eine warme Herzlichkeit ausstrahlte. Auch er blieb bis über sein achtzigstes Lebensjahr hinaus ein bekannter Prediger. Sechzehn Jahre lang betreute er in Tollesbury neben seinem Geschäft die Gemeinde als Seelsorger. Charles Haddon war das älteste von seinen siebzehn Kindern. Seine Frau genoß als demütige Christin ein hohes Ansehen im Kreise der Gläubigen. Sie vernachlässigte nicht die Erziehung ihrer Kinder, die sie in ihren Gebeten stets in das Gedächtnis Gottes brachte. Unter großen Opfern und mit viel Selbstverleugnung bekamen alle Kinder eine gute Schulbildung. Die Vorfahren des später so weltberühmten C. H. Spurgeon sind also nachweislich bis ins Mittelalter zurück glaubensstarke Bekenner des Evangeliums und unerschütterliche Zeugen Jesu Christi gewesen. Es ist aus diesem Grunde nicht verwunderlich, daß C. H. Spurgeon den Weg seiner Vorfahren einschlug.

Spurgeons Jugendzeit

Als am 19. Juni 1834 Charles Spurgeon geboren wurde, ahnte niemand der Einwohner von Kelvedon in Essex, daß in ihrem kleinen, unbedeutenden Ort einer der größten Prediger dieser Zeitepoche das Licht der Welt erblickt hatte. Das Geburtshaus war alles andere als ein »Fürstenpalast«. Doch erlebte Charles in diesem windschiefen und alten Gebäude glückliche Jahre seiner Kindheit. Er selbst berichtete darüber: »Es ist wahr, das alte Haus war sehr ›demütig‹. Es neigte sich bedenklich vornüber und wäre sicherlich eines Tages eingestürzt, hätte man es nicht rechtzeitig abgerissen. Was das Licht anbetrifft, so heißt das ja im Lateinischen ›lux‹, und das hängt sicher mit Luxus zusammen. Da dieser jedoch vom Übel ist, machte man folglich nur wenige Fenster, und die dazu noch sehr klein.«

Um so größer war dann das Licht, das durch diesen neugeborenen Erdenbürger in alle Welt getragen wurde, nämlich das helle Licht des frohmachenden Evangeliums.

Charles wurde schon recht früh im Kindesalter zu seinem Großvater nach Stambourne gebracht. Dort entwickelte sich der kleine ›Unbekannte‹ rasch zu einem außergewöhnlichen Jungen, der im Vergleich zu anderen Kindern seines Alters mehr von Büchern gefesselt war als von Spielzeug. Unter alten, vergilbten Werken hatte er ein Buch gefunden, das ihm sehr gefiel und das er dann besonders liebte, nämlich »Die Pilgerreise« von Bunyan. Diese eindrucksvolle Schilderung von einem Glaubenskämpfer, der den Weg zum himmlischen Zion sucht, machte auf den Jungen einen nachhaltigen Eindruck. In späteren Jahren bekannte Spurgeon einmal: »Ich habe die ›Pilgerreise‹ wohl hundertmal durchgelesen.«

Überall hatte das frühreife Kind die Aufmerksamkeit seiner Umgebung auf sich gezogen. Diakone und andere Besucher seines Großvaters versetzte er oft genug durch seinen Scharfsinn und seine eigenwillige Auslegung manches behandelten Themas in Erstaunen. Schon hier zeigte sich die überdurchschnittliche Begabung, in jener freimütigen Art zu reden, die ihn später weit über die Grenzen Englands hinweg berühmt machen sollte.

Charles war sieben Jahre alt, als er zu seinen Eltern zurückkam, die inzwischen nach Colchester umgezogen waren. In dieser Kleinstadt war die Möglichkeit gegeben, den Kindern eine noch bessere Schulausbildung angedeihen zu lassen. Die Ferien verlebte er allerdings wieder bei seinem Großvater in Stambourne. Hier ereignete sich im Jahre 1844 ein bedeutungsvoller und für seine geistliche Entwicklung entscheidender Vorgang, über den Spurgeon später wie folgt berichtete:

Die Prophezeiung des Pastors Knill

»Als kleiner Junge war ich für einige Zeit bei meinem Großvater, bei dem ich schon einige Jahre meines Lebens zugebracht hatte. Wie gewöhnlich las ich bei der Hausandacht den Abschnitt aus der Heiligen Schrift vor.

Eines Tages kam bei einer solchen Gelegenheit der bekannte Prediger Knill zu uns ins Predigerhaus nach Stambourne, um im Auftrag der Londoner Missionsgesellschaft am darauffolgenden Sonntag zu predigen. Es wurde verabredet, daß am folgenden Morgen vor dem Frühstück der Gast von mir durch den Garten geführt und ich einen Spaziergang mit ihm machen sollte.

Auf mein Klopfen an seiner Tür war er morgens sofort aus dem Bett und ging mit mir als seinem ›neuen Freund‹ in den Garten. Er gewann sehr schnell mein Herz durch seine freundlichen Worte und das Erzählen schöner Geschichten, zumal er mir auch Gelegenheit bot, etwas zu unserer Unterhaltung beizutragen. Der Inhalt unserer Gespräche betraf Jesus, und wie köstlich es sei, Ihn zu lieben. Es blieb aber nicht nur bei einem bloßen Gedankenaustausch, sondern wir traten in eine Eibenlaube. Der Prediger kniete nieder, legte seine Arme um meinen Hals und betete inbrünstig um mein Seelenheil. An den folgenden Tagen wiederholte sich dasselbe, und wir beide waren fast unzertrennlich. Nachdem er die Missionspredigten in dem altpuritanischen Versammlungshause beendet hatte, mußte Prediger Knill Stambourne verlassen, um im Auftrag der Gesellschaft den nächsten Ort aufzusuchen. Ehe er fortging, sprach er eine denkwürdige Prophezeiung aus. Nach einem inbrünstigen Gebet, die Arme wieder um seinen kleinen Schützling gelegt, war er innerlich zutiefst bewegt. Er nahm mich vor der ganzen Familie auf seine Knie. Ich erinnere mich noch deutlich an die Worte, die er dann aussprach: »Ich weiß nicht, wie es geschehen mag, aber ich habe das feierliche Vorgefühl, daß dieses Kind einmal Tausenden das Evangelium predigen und daß Gott es vielen Seelen zum Segen werden lassen wird. Ich bin dessen so gewiß, daß, wenn mein kleiner Mann einst in Rowland Hills Kapelle predigen wird, ich ihm im voraus das Versprechen abnehmen möchte, dann das Lied singen zu lassen:

Wenn Gott will durch uns Wunder tun,
so stellt er es gar seltsam an;
er läßt des Menschen Geist nicht ruhn,
bis dieser trifft die rechte Bahn.«

Dieses Versprechen habe ich ihm gern gegeben. Das prophetische Wort ist später tatsächlich in Erfüllung gegangen.

Wie kam dieser nüchterne Diener Gottes dazu, in dieser Weise zu und von einem Kind zu reden, dessen Zukunft doch nur Gott bekannt sein konnte? Wollte Gott, wir alle wären so weise wie Richard Knill und säten den guten Samen in die unvergänglichen Menschenseelen. Er hätte ja den Enkel des Stambourner Predigers völlig sich selbst überlassen können unter dem Vorwand, er habe Wichtigeres zu tun als mit einem Kinde zu beten. Aber wer möchte sagen, wodurch er mehr gewirkt hat: durch jene einfache Tat demütiger Liebe an einem Kinde oder durch Dutzende von Predigten vor zahlreichen Zuhörerscharen? Für mich war die mir erwiesene Liebe und Aufmerksamkeit mit Folgen für alle Ewigkeit gekrönt. Ich werde stets das Gefühl haben, daß er seine Zeit gut angewandt hatte.«

Soweit der Bericht von C. H. Spurgeon.

Von seinem 10. bis zu seinem 14. Lebensjahr besuchte er zunächst die Realschule in Stockwall, Polchester, auf die man Jungen schickte, die später Kaufmann oder Ingenieur werden sollten. Seine Leistungen waren hervorragend; daneben aber hatte er eine große Sehnsucht, die Gottesdienste zu besuchen. Er nahm nicht nur formell an ihnen teil, sondern es war ihm ein Herzensbedürfnis, Gott in Seinem Wort zu begegnen. Auch übte er sich in einer großen Hingabe an das Gebet. Sein Vater berichtete, daß er ihn oft in einer Heuscheune betend oder lesend vorgefunden hat. Mitunter versammelte er seine Geschwister zu einer kleinen ›Gemeinde‹, vor der er seine ersten Predigten übte. Seine Wahrheitsliebe, verbunden mit einem eisernen und entschiedenen Willen, verlieh ihm frühzeitig das Profil eines überaus energischen Charakters. Mit nicht geringer Besorgnis beobachteten seine Eltern diese Entwicklung. Ihr Gebet war daher: »O Gott, lenke das Leben unseres Charles nach Deinem Willen!«

In der Schule eroberte sich Charles schnell den ersten Platz. Seine guten Kenntnisse in Latein und Mathematik verdankte er dem Hauptlehrer Leeding, mit dem er eine besondere Freundschaft pflegte. Im Anschluß an diese Schule besuchte er für ein weiteres Jahr noch die Landwirtschaftsschule in Maidstone. Später bekam er dann die Stelle eines Hilfslehrers in einer Schule in New Market. Seine theologischen Studien setzte er autodidaktisch, intensiv und mit großem Fleiß fort. Sein Glaube und sein Eifer für die Sache Jesu Christi wuchsen ständig trotz aller anderen beruflichen Verpflichtungen. In diesen Jahren mußte er äußerste Selbstdisziplin üben, da ihm die sprichwörtliche Schwindsucht seines Geldbeutels keine großen Sprünge erlaubte. Doch setzte er alles daran, seine Kenntnisse in der Heiligen Schrift zu erweitern, um später den Menschen mit diesem Wort Gottes dienen zu können.

Spurgeons Bekehrung

Erinnern wir uns noch der eindringlichen Prophezeiung des Predigers Knill? Nicht nur durch Studium und angeeignete Erkenntnisse gelangt ein talentierter Mensch zum Predigtdienst, sondern durch eine entscheidende Hinwendung zum Weg des ewigen Heils.

Vor seiner Bekehrung erlebte auch Spurgeon einen innerlich depressiven Zustand, ein Hin- und Hergerissensein. »Ich will euch erzählen, wie ich selbst zur Erkenntnis der Wahrheit gebracht wurde; es mag ja sein, daß dadurch noch andere zu Christus geführt werden. Schon in meiner Kindheit überzeugte mich Gott von meiner Sünde. Ich lebte als ein elendes Geschöpf dahin und fand weder Hoffnung noch Trost; ja, ich fürchtete, Gott werde mich bestimmt verdammen. Mein Zustand wurde immer schlimmer; ich fühlte mich so elend, daß ich kaum imstande war, etwas zu tun. Mein Herz war zerbrochen. Sechs Monate lang habe ich gebetet, inbrünstig, von ganzem Herzen, fand aber keine Erhörung. Ich entschloß mich, jedes Gotteshaus der Stadt, in der ich damals wohnte, zu besuchen, um den Weg des Heils ausfindig zu machen, und war gewillt, irgend etwas zu tun oder zu sein, wenn nur Gott mir vergeben wollte. Ich machte mich also auf mit dem Vorsatz, in alle Kapellen zu gehen und besuchte auch alle Gotteshäuser. Obgleich ich manche Männer, die jetzt und damals die Kanzeln einnahmen, hoch schätze, so muß ich doch der Wahrheit gemäß sagen, daß ich nie einen von ihnen das volle Evangelium habe predigen hören.

Das ist so gemeint: Sie predigten große, viele und gute Wahrheiten, die den geistlich gesinnten Zuhörern ihrer Gemeinde verständlich waren. Was ich jedoch zu wissen begehrte, war: ›Wie kann ich Vergebung meiner Sünden erlangen?‹ Aber das sagten sie mir nie. Mein Verlangen war, zu hören, wie ein Sünder in seinem Schuldgefühl Frieden mit Gott finden könne; als ich aber hinging, hörte ich eine Predigt über das Wort: ›Irret euch nicht, Gott läßt sich nicht spotten.‹ Dadurch wurde mein Herz nur noch mehr zerrissen. Es wurde mir nicht gesagt, wie ich dem Zorn Gottes entfliehen könne. Ich ging an einem anderen Tage wieder hin, und der Text handelte von der Herrlichkeit der Gerechten; ach, wieder nichts für mich! Ich war wie das Hündlein unter dem Tische, dem nicht gestattet war, von dem Brot der Kinder zu essen. Ich ging immer wieder zum Gottesdienst und darf aufrichtig sagen, daß ich meines Wissens nie ohne Gebet gegangen bin; ich bin überzeugt, daß es keinen aufmerksameren Zuhörer gab als mich, denn ich schmachtete und sehnte mich danach, zu erfahren, wie ich gerettet werden könne. –

Ich glaube, ich würde noch heute in Finsternis und Verzweiflung sitzen, wenn nicht Gottes Barmherzigkeit eines Sonntagmorgens in Colchester, als ich auf dem Weg zur Kirche war, einen fürchterlichen Schneesturm gesandt hätte. Unfähig, weiter dagegen anzukämpfen, bog ich in ein Seitengäßchen ein, ging durch einen Hof und stand bald vor einer kleinen Kapelle. Ich wollte ja irgendwohin zum Gottesdienst gehen, aber diese Kapelle war mir bis dahin unbekannt geblieben. Sie gehörte den Primitiv-Methodisten. Ich hatte schon viel von diesen Leuten gehört, unter anderem, daß sie so laut sängen, daß man Kopfschmerzen davon bekomme. Aber das hielt mich nicht zurück. Ich wollte ja so gern wissen, wie ich gerettet werden könne, und wenn ihr Gesang mir noch soviel Kopfschmerzen verursachen würde, was kümmerte mich das! Ich ging also hinein und setzte mich. Es waren nur zwölf bis fünfzehn Leute anwesend. Der Prediger war ein armer, unstudierter Mann aus dem Volk, der nicht einmal richtig sprach. Um so fester klammerte er sich an seinen Text. Dieser Text aber war die richtige Salbe für meine Wunde: ›*Blickt auf mich, so werdet ihr gerettet, aller Welt Enden!*‹ *(Jes. 45, 22, nach der englischen Übersetzung).*

Der Prediger behandelte diese Worte etwa folgendermaßen: ›Dieser Text ist sehr einfach, er sagt: *Blickt auf mich!* Das ist keine große Anstrengung. Ihr braucht keinen Fuß zu heben, keinen Finger zu rühren; ihr braucht keine Universität besucht zu haben, ihr braucht bloß hinzublicken.‹

Nachdem er sich noch weiter über diesen Punkt ausgelassen hatte, heftete der Redner seine Augen auf mich, den jungen Fremden, und redete mich an: ›Junger Mann, du siehst sehr elend aus! Und elend wirst du auch bleiben, sowohl im Leben wie im Sterben, wenn du nicht dem Wort des Propheten gehorchst!‹ Dann wurde seine Stimme lauter, so daß sie dröhnte, und er rief: ›Junger Mann, blicke

auf Jesus Christus und tue es jetzt!‹ Ich fuhr auf meiner Bank zusammen, zugleich aber wandte ich den Blick auf Jesus – *und war gerettet!* Es war *das Werk eines Augenblickes,* der Übergang vom Tod
zum Leben. Die finstere Wolke, die mich lange Jahre umschattet
hatte, war verschwunden – ich sah die Sonne! Ich hatte hunderterlei
tun wollen, aber das Wort: ›Blicke auf Jesus!‹ zerstreute die Nebel
und offenbarte mir die Herrlichkeit des Gnadenratschlusses Gottes.
Der Strick war zerrissen – meine Seele war frei. Ich hätte aufstehen
und mit der Gemeinde jubelnd singen mögen von dem kostbaren
Blut Christi und von dem Glauben, der allein durch einen Blick
Rettung schenkt. Christus, der Gekreuzigte, erstand vor meinen
entzückten Augen. Ich sah Ihn an und lebte. Fortan war das Kreuz
mein Leitstern. Immanuels Wunden waren das Licht meines Lebens, und seit ich einmal auf Ihn geblickt hatte, tat ich es mein Leben lang.«

Das Ereignis seiner Wiedergeburt war für Spurgeon so überwältigend, daß er später zu dem Entschluß kam, immer eine evangelisti-
sche Botschaft für unerrettete Sünder zu bringen. »Ich glaube, daß
ein Prediger, der predigen kann, ohne seine Predigt an Sünder zu
richten, nicht zu predigen versteht«, brachte er seine Überzeugung
zum Ausdruck.

Viele Jahre nach seiner Bekehrung, es war am 11. Oktober 1864,
predigte er in Colchester in derselben Kapelle, in der er die Gewißheit seiner Gotteskindschaft erlebt hatte, über denselben denkwür-
digen Text: »*Wendet euch zu mir, so werdet ihr gerettet, aller Welt
Enden.*«

»Das war der Text«, rief er in die Gemeinde, »über den ich in dieser
Kapelle predigen hörte, als ich zum Herrn bekehrt wurde.«

Für Spurgeon war die Bekehrung der erste Schritt in einer konse-
quenten Nachfolge des Meisters Jesus Christus. Jesu Vorbild getreu
wollte auch er in den ›Jordan des Glaubens‹ steigen und ließ sich
deshalb öffentlich taufen. Über diesen eindrucksvollen Tag berichtete er dann sehr ausführlich.

»Der 3. Mai des Jahres 1850 wird mir ein unvergeßlicher Tag bleiben. Es war der Geburtstag meiner Mutter; ich selbst stand nur wenige Wochen vor meinem vollendeten 16. Lebensjahr. Um vorher
einige Stunden zu stillem Gebet und zur völligen Übergabe an Gott

zu haben, stand ich frühmorgens auf. Danach hatte ich einen Weg von etwa zwölf Kilometern zu wandern nach dem Ort, an dem ich nach Gottes heiligen Befehl getauft werden wollte. Welch ein Weg war das! Welche Gedanken und Gebete drängten sich während dieser Morgenreise in mein Leben! Es war ein keineswegs warmer Tag, desto besser für die zwei- bis dreistündige Fußtour, die ich zu machen hatte. Das freundliche Lächeln, mit dem Prediger Cantlow mich begrüßte, war eine Belohnung für den langen Weg. Es ist mir, als ob ich den lieben Mann noch heute vor mir sähe und auch die Situation um das Torffeuer, an dem wir uns wärmten, während wir das Nähere über die bevorstehende Handlung besprachen.

Dann begaben wir uns an die Fähre, denn die Baptisten in Isleham benutzten noch das geräumige Taufbassin des Flusses. Die Fähre bei Isleham führt über den kleinen Fluß Lark und hat nur sehr geringen Verkehr. Die Lark wird aber von den Anglern sehr geschätzt. An einer flachen Stelle gingen wir Taufkandidaten ins Wasser. Die Taufe konnte ohne Zwischenfall an uns vollzogen werden. Es schien mir, daß viele Zuschauer vorhanden waren. Aber meine Gedanken beschäftigten sich wenig mit ihnen. Ich dachte an das Wasser, aber noch mehr an meinen Herrn, in dessen geöffnete Arme ich mich jetzt willenlos fallen ließ; dann wieder dachte ich mit bebender Scheu an das große, weittragende Bekenntnis, das ich hier vor aller Öffentlichkeit ablegte.«

Von diesem Augenblick an scheute er sich nie mehr, öffentlich vor den Menschen seinen Herrn und Heiland zu bezeugen. Bei dem jugendlichen Spurgeon hatte ein Bekenntnis des Glaubens etwas zu bedeuten. Es war der Anfang eines Kampfes gegen jegliche Art von Sünde, Gottlosigkeit und Unglauben. Unverzüglich begann Spurgeon, das Wort Gottes in der Sonntagsschule, in Hausversammlungen, auf den Landstraßen und Plätzen der Stadt sowie in der Umgebung zu predigen. Seine Wortverkündigung in der Sonntagsschule war so eindringlich und von glühender Liebe durchdrungen, daß nicht nur die Kinder davon ergriffen wurden, sondern auch die Eltern, wenn die Kinder daheim von dem Gehörten berichteten. Schon bald füllte sich der Raum der Sonntagsschule sowohl mit Kindern als auch mit deren Eltern, die alle erstaunt waren, den jungen Lehrer derart fesselnd und mit göttlicher Begeisterung erzählen zu hören.

Nach Ablauf des ereignisreichen Jahres, das Spurgeon in New Market zubrachte, zog er nach Cambridge, wohin sein Freund, der Lehrer Henry Leeding, ebenfalls gezogen war und dort eine Schule für junge Leute eröffnet hatte. Da er in dieser neuen Stellung beruflich nicht so angespannt war, benutzte er die ihm zur Verfügung stehende Zeit, sich noch eifriger dem geistlichen Studium zu widmen. In Cambridge schloß sich Spurgeon der Baptistengemeinde in der St.-Andrews-Street an und wurde nach kurzer Zeit Mitglied des von Robert Hall gegründeten Vereins für Laienprediger.

Spurgeons erste Predigt

Selten können sich gottbegnadete Boten des Evangeliums später an ihre erste Predigt erinnern. Spurgeon mußte seine erste offizielle Predigt unter besonderen und unerwarteten Umständen halten, so daß sie ihm nicht nur vor Schreck in die Glieder gefahren ist und er am ganzen Leibe zitterte, sondern daß er sich auch noch an kleinste Einzelheiten bis ins hohe Alter hinein erinnern konnte. Wie es dazu gekommen war, hat er folgendermaßen wiedergegeben:

»Eines Sonntags bat mich ›Bischof Vintner‹, wie wir ihn nannten, nachmittags nach dem benachbarten Dorf Teversham zu gehen. Ein junger Mann solle dort predigen, der noch wenig Übung habe und sich freuen würde, einen Gefährten zu haben. Ich willigte natürlich ein, und wir zogen gemeinsam unsere Straße. Mein Begleiter war einige Jahre älter als ich, und ich freute mich, von seiner reichen Erfahrung in geistlichen Dingen zu lernen. Zuletzt wünschte ich ihm Gottes Segen zu seiner Predigt. Erstaunt blickte er mich an. ›Das wünsche ich *Ihnen!*‹ erwiderte er. ›Meine Aufgabe ist heute, zuzuhören.‹ Vergebens setzte ich ihm auseinander, daß ich viel zu jung dazu sei und mich auch gar nicht vorbereitet habe. Er aber erklärte ruhig, daß die Predigt ausfallen müsse, wenn ich nicht predigte. Das mochte ich aber auch nicht. So betete ich denn um Gottes Hilfe und Leitung, und sofort fielen mir die Worte ein: ›*Euch nun, die ihr glaubet, ist er köstlich*‹ (*1. Petr. 2, 7*). Ich sann weiter darüber nach und legte mir zurecht, was ich meinen Zuhörern sagen könnte.

Dennoch zitterte ich über meine Vermessenheit. Aber das trieb mich nur um so eifriger ins Gebet, daß der Heilige Geist mir die Worte schenken möge. Er allein konnte mich lehren, die Geschichte vom Kreuz so zu erzählen, daß die Zuhörer nicht leer heimzukehren brauchten.

Als wir im Dorf anlangten, war ich mit meiner Vorbereitung fertig. Das Versammlungslokal war eine geräumige Strohhütte mit niedrigem Dach. Die Zuhörerschaft bestand zumeist aus Landarbeitern und deren Frauen, die mich erwartungsvoll anblickten. Ich las den mir gegebenen Text und suchte darzulegen, wie köstlich Christus seinen Gläubigen ist. Anfangs noch etwas zaghaft, ging es nun von Satz zu Satz leichter von den Lippen. Ich blieb nicht stecken und brachte mein Rede gut zu Ende. Ich wollte das Schlußlied ansagen, als eine alte Frau ausrief: ›Gott segne dich, liebes Kind! Wie alt bist du?‹

Ich ermahnte sie, jetzt still zu sein. Aber nach dem Segen wiederholte sie die Frage, und die anderen taten es auch. ›Unter sechzig‹, scherzte ich. ›Jawohl,‹ spottete die Alte, ›auch unter sechzehn‹.

Ernst erwiderte ich: ›Das tut nichts zur Sache. Denkt nur an das, was ich euch gesagt habe.‹ Das versprach sie zu tun, und auch die anderen versprachen es. Ich aber mußte ihnen versprechen, wiederzukommen.«

Spurgeon hatte innerhalb eines Jahres seine Wiedergeburt und seine Taufe erlebt, aber auch seine erste Predigt gehalten. Hier mag ein Vergleich mit dem großen Völkerapostel Paulus von Tarsus angebracht sein, der ebenso schnell seine Wiedergeburt, seine Taufe und seinen ersten Predigtdienst erleben durfte. In der Apostelgeschichte können wir nachlesen:

›Und Ananias ging hin und kam in das Haus und legte die Hände auf ihn und sprach: Lieber Bruder Saul, der Herr hat mich gesandt, Jesus, der dir erschienen ist auf dem Wege, da du herkamst; du sollst wieder sehend und mit dem Heiligen Geist erfüllt werden. Und alsbald fiel es von seinen Augen wie Schuppen, und er war wieder sehend und stand auf, ließ sich taufen . . . und alsbald predigte er in den Synagogen von Jesus, daß dieser Gottes Sohn sei‹ (Apg. 9, 17–20). Fast genauso hatte sich dies bei Spurgeon im Jahre 1850 ereignet. Noch Jahrzehnte später bezeugten hochbetagte Gotteskinder, daß seine ersten Predigten sehr lehrreich und mit vielen Beispielen aus der Geschichte, Geografie, Astronomie und anderen Zweigen der Wissenschaften illustriert waren. Von dem, was er als Pädagoge an Wissen gesammelt hatte, machte er in seinen Predigten reichen Gebrauch.

Bald wurde er in den umliegenden Dörfern einmal wöchentlich zum Predigtdienst eingesetzt, und zwar in den Gemeinden, die vom »Verein für Laienprediger« versorgt wurden. Eine dieser Stationen war das Dorf mit Namen Waterbeach. In ihm stand ein kleines

Kirchlein. Die Gemeinde hatte keinen Prediger. Da nun Spurgeon dort des öfteren diente, bat man ihn eines Tages, hier Prediger zu werden. Man hatte ihn einstimmig dazu gewählt. Da die finanziellen Verhältnisse keinesfalls rosig waren, mußte er von Woche zu Woche in einer anderen Familie zum Essen gehen. Sein Jahreseinkommen betrug damals 15 Pfund. Durch seinen Dienst aber breitete sich ein großer Segen aus. Nach wenigen Monaten war die Zahl der Gemeindemitglieder von vierzig auf fast hundert angewachsen. Es folgten mehr und mehr Einladungen zu evangelistischen Diensten in benachbarten Gemeinden, und stets erwartete ihn eine große Zuhörerschaft.

So wie Timotheus in Paulus einen geistlichen Vater hatte, fand Spurgeon diesen in dem bekannten Prediger Cornelius Elven, der sein Förderer und Lehrer im geistlichen Dienst wurde. Im Jahr 1852 kam dieser nach Waterbeach, um am Jahresfest zu predigen. Spurgeon schreibt hierüber:

»Wir trafen uns am Bahnhof, als er aus einem Coupé dritter Klasse stieg, das er gewählt hatte, um den Freunden möglichst wenig Reisekosten zu verursachen. Sein körperlicher Umfang war erstaunlich. Man merkte aber bald, daß sein Herz nicht minder weit war. Er gab mir während seines Besuches viele weise Ratschläge, die für mich ein ähnliches Gewicht hatten wie die Worte des Apostels Paulus für seinen Timotheus. Er forderte mich auf, fleißig zu studieren, um hinter keinem der Mitglieder unserer kleinen Gemeinde zurückzubleiben. Als Grund gab er an, daß die Männer unzufrieden mit mir würden, falls sich herausstellte, daß sie mich an Schriftkenntnis und an der Tüchtigkeit, die Zuhörer im Glauben zu stärken, überträfen. Auf diese Weise würde es zur Unzufriedenheit kommen und meine Stellung in der Gemeinde eine schwierige werden. Seine eigenen Predigten waren sehr einfach und außerordentlich praktisch. Er erzählte unter anderem Geschichten, in denen er zeigte, wie nützlich es sei, sich an die einzelnen zu wenden und sie auf ihr Seelenheil hin anzusprechen.«

Später schrieb Elven über Spurgeon in sein Tagebuch: »Habe in Waterbeach für C. H. Spurgeon gepredigt. Er ist ein aufgehender Stern. Er wird sich in unserer Gemeinschaft vor anderen auszeichnen.«

Der bissigste Hund

Von Waterbeach aus kam Spurgeon auch einmal nach Cottenham, wo der alte Sutton, ein landauf, landab bekannter Prediger, im Amt war. Von ihm berichtete Spurgeon: »Er hatte mich noch nicht gesehen, aber gehört, daß ich ein sehr beliebter Redner sei. So lud er mich ein, bei seinem Jahresfest die Predigt zu halten.

Ich war zeitig genug im Predigerseminar. Ein alter Herr kam herein und zeigte sich sehr überrascht, als er mich sah. Nachdem er einen Gruß gebrummelt hatte, sagte er: ›Ich hätte Sie nicht eingeladen, wenn ich gewußt hätte, daß Sie ein solches Jüngelchen sind. Aber was kann man nun machen? Die Leute strömen herbei; Wagen um Wagen rollt heran; feine sowie einfache Wagen, ununterbrochen! Das arme Volk!‹«

Ich antwortete: ›Es ist doch schön! So werden wir ein gesegnetes Jahresfest haben! Aber andererseits kann ich auch leicht wieder nach Waterbeach zurückkehren. Meine Leute werden sich freuen, wenn ich wieder bei ihnen bin.‹ – ›Nein, nein‹, rief der alte Herr, ›Sie sind jetzt hier, und Sie müssen versuchen, Ihr Bestes zu geben. Es ist auch noch ein anderer junger Mann aus Cambridge hier, der kann Ihnen helfen. Wir dürfen eben nicht viel von Ihnen erwarten.‹

Damit ging er hinaus und stöhnte: ›Oh, du liebe Zeit, was für einer Zukunft gehen wir entgegen, wenn unsere Gemeinden solche Buben als Prediger erhalten! Sie haben ja noch die Muttermilch am Mund!‹

Als es Zeit war, brachte er mich auf die Kanzel und setzte sich neben mich. Ich vermutete, daß er sofort eingreifen wollte, wenn der Gottesdienst in Gefahr geriete, das heißt, wenn ich steckenbleiben sollte. Nach dem Gebet und Gesang las ich aus den Sprüchen, in denen die Worte vorkommen: ›*Graue Haare sind eine Krone der Ehre.*‹ Ich unterbrach mich und bemerkte: ›Das bezweifle ich, denn an diesem Morgen bin ich einem Mann mit grauen Haaren begegnet, der noch nicht einmal die einfachsten Formen der Höflichkeit beherrscht.‹ Dann fuhr ich fort, den Schluß des Verses zu lesen: ›*die auf dem Weg der Gerechtigkeit gefunden wird.*‹

›Ja‹, sagte ich, ›das ist etwas anderes! Dann wird graues Haar eine Krone der Ehre sein. Dasselbe würde aber auch von einem roten Haupt oder auch von irgendeiner anderen Farbe gelten.‹ Ich setzte den Gottesdienst fort und predigte, so gut ich konnte. Als ich von der Kanzel stieg, klopfte mir der alte Sutton auf die Schulter: ›Gott segne Sie! Ich bin fast vierzig Jahre Prediger und habe noch nie mehr Freude an einer Predigt gehabt als heute. Aber Sie sind doch der bissigste Hund, der je auf einer Kanzel gebellt hat.‹

Als wir dann nach Hause gingen, war er auf dem ganzen Weg sehr redselig und sprach auch viel mit den Leuten über die Predigt. Ich hörte, wie er sagte: ›So etwas ist mir in meinem Leben noch nicht begegnet.‹ Der Rest des Tages verlief sehr gut. Der Herr segnete das Wort. Ich hörte, daß sich an dem Tag drei Menschen zu Gott bekehrten.«

Die Bartlosen von Jericho

Leider wucherte bei den »erfahrenen« und »altbewährten« Pastoren der geistliche Neid. Als Spurgeon im Jahre 1853 anläßlich des Jahresfestes der Sonntagsschulvereinigung in Cambridge zu predigen hatte, ereignete sich folgender Zwischenfall: »Es waren noch zwei andere Geistliche anwesend, die älter waren als er und die sich sehr über ihn ärgerten. Man hatte ihm zuerst das Wort gegeben. Er redete in seiner gewohnten Art, frisch und mit vielen treffenden Beispielen. Dann kam einer der älteren Herren an die Reihe. Dieser konnte sich nicht enthalten zu sagen, daß es ein Jammer wäre, daß Knaben sich nicht an die biblische Praxis halten könnten, in Jericho zu bleiben, bis ihnen der Bart gewachsen wäre. Danach könnten sie immer noch kommen und andere belehren.

Spurgeon erbat sich vom Vorsitzenden das Wort, stand auf und sagte, die Leute, die in Jericho bleiben mußten, seien keine Knaben gewesen, sondern ältere Männer, denen man die eine Seite ihres Bartes abgeschnitten hatte, so daß sie recht lächerlich aussehen mußten. Diese schämten sich, so verunziert nach Hause zu gehen, und blieben daher in Jericho, bis ihnen die Bärte wieder gewachsen waren. Er sehe darin eine Weisung, daß Prediger, die ein öffentliches Ärgernis erregt haben, gut täten, eine Zeitlang von der Bildfläche zu verschwinden, bis ihr guter Ruf wieder hergestellt sei.

Dieser Zwischenfall sollte weittragende Folgen haben. Es war nämlich ein gewisser George Gould von Loughton zugegen, der an seinen Freund Thomas Olney in London schrieb, hier wäre der Mann, den man in London brauchen könne, man solle unverzüglich mit ihm in Verbindung treten. Das geschah dann auch und brachte den Mann an seinen Platz, von dem aus er einen Segen stiftete, der heute noch anhält.«

Suchst du große Dinge für dich selbst?

Nachdem nun Spurgeon in Waterbeach seine ersten Predigererfahrungen gesammelt hatte, wurde ihm vom Vater und einigen Freunden dringend der Rat gegeben, eine theologische Ausbildung zu absolvieren. Hierzu wäre das College in Stepney sehr geeignet gewesen. Spurgeon selbst war davon überzeugt, daß Wissen nie eine Last, sondern von großem Vorteil ist. Zum anderen aber war er auch gewiß, man könne dem Herrn, wie einst seine ersten Jünger und Apostel, ohne jegliche theologische Fachschulausbildung dienen. Er wollte den guten Rat nicht in den Wind schlagen und versuchte, in dem genannten College aufgenommen zu werden. Was ihm dabei widerfuhr, erfahren wir von ihm selbst:»Ich stimmte der Meinung meiner Freunde bei, daß eine Ausbildung vielleicht von Nutzen sein könnte. Doktor Angus, der Vorsteher der genannten Anstalt, machte einen Besuch in Cambridge, wo ich damals wohnte, und es wurde verabredet, daß wir uns im Hause des Verlagsbuchhändlers Macmillan treffen sollten. Sinnend und betend über die Angelegenheit betrat ich pünktlich das Haus. Man wies mich in ein Zimmer, in dem ich geduldig einige Stunden wartete. Währenddessen stand ich unter dem Eindruck meiner eigenen Bedeutungslosigkeit und der Größe des Londoner Theologen, so daß ich nicht das Herz hatte, zu klingeln, um nach der Ursache seines ungewöhnlich langen Ausbleibens zu fragen.

Endlich, nachdem meine Geduld lange genug auf die Probe gestellt worden war, setzte ich die Klingel in Bewegung; das Hausmädchen erschien und erklärte mir, der Doktor habe in einem anderen Zimmer gewartet, bis er nicht länger habe bleiben können, und sei mit dem Zug nach London zurückgereist. Statt den jungen Mann beim Hausherrn oder der Hausfrau zu melden, hatte ihn das einfältige Mädchen einfach in ein Zimmer gewiesen und dann nicht weiter an ihn gedacht. Infolgedessen war unsere geplante Zusammenkunft vereitelt worden. Ich war zunächst nicht wenig enttäuscht, habe aber später dem Herrn tausendmal von Herzen für die Führung gedankt, durch die meine Schritte auf einen anderen, viel besseren Weg gelenkt wurden.«

Wie Gott seinen Diener nicht ohne Wegweisung ließ, können wir wiederum bestens aus seiner eigenen Schilderung entnehmen. »Noch immer den Gedanken an die theologische Schulung festhaltend, dachte ich daran, schriftlich um Aufnahme zu bitten. Aber es kam anders. Am Nachmittag dieses Tages wanderte ich in Gedanken versunken über eine Wiese der kleinen, hölzernen Brücke zu, die nach Chesterton führt. In der Mitte der Wiese erschrak ich durch etwas, das mir wie eine laute Stimme vorkam, jedoch auch eine seltsame Einbildung hätte sein können. Was es aber auch gewesen sein mag, der Eindruck, den dieser Vorfall damals auf mein Gemüt machte, war sehr lebhaft. Mir schien, als ob ich deutlich die Worte hörte: ›Du begehrst für dich große Dinge? Begehre sie nicht‹ (Jer. 45, 5)!

Dies führte mich dazu, meine Stellung von einem ganz anderen Standpunkt aus anzusehen. Ich gedachte der armen, aber liebevollen Leute, denen ich diente, und der Seelen, die meiner geringen Obhut anvertraut waren. Wenn ich auch glaubte, infolge meines Entschlusses Unberühmtheit und Armut in Aussicht zu haben, so gab ich doch an jenem Ort und in jener Stunde den Gedanken an die theologische Ausbildung auf, entschlossen, wenigstens fürs erste bei meinen Leuten zu bleiben und mit dem Predigen des Wortes fortzufahren, solange mir Gott Kraft dazu geben werde. Ohne diesen Entschluß wäre ich nicht, wo ich jetzt bin. Mag auch der Diener am Wort nicht mehr wie früher der jüdische Hohepriester den Leibrock tragen, so führt doch der Herr die Seinen nach Seiner Weisheit. Er ordnet in Liebe alle ihre Pfade und spricht in Zeiten der Verlegenheit auf merkwürdige, geheimnisvolle Weise zu ihnen: ›Dies ist der Weg, den geht!‹«

In einem Brief an seine Mutter schreibt er: »Ich freue mich immer mehr, daß ich nicht ins College gegangen bin. Gott gibt mir soviel Sonnenschein auf meinem Wege und schenkt mir so viele Beweise Seiner Freundlichkeit und Gnade, daß ich es nicht bedauern kann, auf all meine darauf bezüglichen Aussichten verzichtet zu haben. Ich darf sagen, daß die Liebe zu Gott und Seiner Sache mich zurückgehalten hat. Lieber möchte ich in Seinem Dienste arm, als in meinem eigenen reich sein. Ich habe alles, was mein Herz wünschen kann, ja, Gott gibt mehr, als ich begehre. Meine Gemeinde ist so groß und liebevoll wie nie zuvor.«

Von Waterbeach nach London

Für den jungen Spurgeon war Waterbeach ein verheißungsvoller Wirkungskreis. In dieser Gemeinde durfte er seine ersten Erfahrungen sammeln. Verschont von öffentlicher Kritik, die später wie Hagelschauer über ihn ergehen sollte, hatte der junge Baptistenprediger hier seine besten Entwicklungsmöglichkeiten gefunden. Seine Gemeindeglieder waren echte, warmherzige Christen, die die eindrucksvolle Begabung ihres Predigers, das Evangelium zeitnah und eindringlich zu verkündigen, hoch einschätzten. Leider konnten sie auch weiterhin nur sehr beschränkt für den Unterhalt ihres Hirten aufkommen. Deshalb behielt Spurgeon zunächst noch den Posten als Unterlehrer bei und betreute die Gemeinde nebenamtlich. Schließlich erhielt er jährlich 45 Pfund an Gehalt, von dem jedoch zwei Drittel allein für seine Unterkunft ausgegeben werden mußten. Aus diesem Grund brachten ihm die Bauern seiner Gemeinde, wenn sie vom Land in die Stadt kamen, stets Gemüse und Brot mit. Es schlachtete auch keiner ein Schwein, ohne dem jungen Herrn Spurgeon seinen Anteil zu überbringen. So reichte es diesem genügsamen Prediger, der immer fröhlichen Geistes war, weil er das Evangelium von Jesus Christus verkündigen durfte.

An einem Wintermorgen setzte sich Spurgeon mit den Diakonen, bevor der Gottesdienst begann, an den Tisch im Predigerzimmer, um die Lieder auszuwählen, die die Gemeinde singen sollte. Auf dem Tisch lag ein Brief mit dem Poststempel aus London. Es war ein ungewöhnliches Schreiben von einer Gemeinde aus dem südlichen Teil Londons, aus der New-Park-Street-Chapel in Southwark. Das Schreiben enthielt eine Einladung an Prediger Spurgeon, bei ihnen zu dienen. In diesem Gotteshaus hatte einst der bekannte Doktor Rippon gepredigt, aus dessen Gesangbuch sie eben ein Lied auswählen wollten.

Spurgeon gab das Schreiben seinen Diakonen mit der Bemerkung, daß es sich wohl um eine Verwechslung mit einem anderen Spurgeon handeln müsse. Ein Diakon schüttelte traurig den Kopf und meinte, er hätte schon immer die beängstigende Ahnung gehabt, daß irgendeine große Gemeinde einmal die Hand nach ihm ausstrecken werde, doch sei er erstaunt, daß es sich schon so schnell herumgesprochen habe.

Am folgenden Montag wurde eine Antwort nach London gesandt, die den Diakonen in der New-Park-Street die Nachricht brachte, daß sie wohl irrtümlicherweise den Brief nach Waterbeach geschickt hätten, denn der Baptistenprediger dieses Ortes wäre erst neunzehn Jahre alt und ganz ungeeignet für eine Londoner Kanzel.

Sehr schnell kam aus London die Antwort, daß es sich ganz und gar nicht um eine Verwechslung handele, sondern man wisse sehr gut Bescheid über die Qualitäten des jungen Predigers Spurgeon aus Waterbeach.

Spurgeon weigerte sich zunächst weiterhin mit der Bemerkung, er habe keine theologische Ausbildung genossen, und außerdem wäre der Schritt von dem kleinen Waterbeach nach dem großen London doch sehr unwahrscheinlich.

Postwendend kam eine Rückantwort aus London, in der zu lesen stand, daß man sehr froh sei, einen Prediger gefunden zu haben, der ohne »Starallüren«, »vor Salbung triefend« und »vor Würde erstarrend« aufträte. Man hatte in der New-Park-Street mit einer Anzahl Probeprediger, die soeben das theologische Seminar verlassen hatten, mehrfach unangenehme Erfahrungen gemacht. Man wisse auch sehr wohl, daß der Prediger von Waterbeach erst neunzehn Jahre alt sei.

Unter dem Eindruck dieser massiven Aufforderung, doch nach London zu kommen, machte sich Spurgeon auf den Weg in die ihm völlig unbekannte Stadt. In einem sogenannten Kosthaus, wo man ihn untergebracht hatte, fiel er durch seine ländlich-altmodische Kleidung auf. Sein Rock war viel zu weit, dazu trug er eine ungeheuer große schwarze Atlaskrawatte und ein blaupunktiertes Taschentuch. Was solch ein Jüngling vom Lande wohl hier in dieser ehrwürdigen Stadt London suchte?! Daß dieser junge Mann ein Prediger sei, der in diese Stadt eingeladen war, um zu predigen, wurde mit einem spöttischen Lächeln quittiert. So war es verständlich, daß der erste Eindruck für Spurgeon geradezu niederschmetternd auf sein Gemüt wirkte. Einsam und schlaflos warf er sich auf einem schmalen Bett von einer Seite auf die andere.

»Mitleidlos war das Rasseln der Droschken auf der Straße, mitleidlos die Einwohner dieser Stadt, die mit hochmütigem Blick auf den ›grasgrünen Jungen vom Lande‹ herabsahen. Mitleidlos das Gastzimmer, das kaum groß genug war, um zum Gebet niederzuknien; mitleidlos die Gaslampen, deren kalter Schein sich gespenstisch in den Fenstern widerspiegelte und eine düstere Atmosphäre vermittelten.« Er hatte keinen Freund in dieser Stadt, sondern fühlte sich wie ein Fremder unter Ausländern.

An einem klaren, kalten Dezembermorgen des Jahres 1853 wanderte Spurgeon nun durch die Straßen und Gassen bis zur Southwark-Brücke. Innerlich niedergedrückt, suchte er in der öde anmutenden Steinwüste von Häuserblocks den Platz zu finden, wo er predigen sollte. Dabei hatte er ständig die Worte der Heiligen Schrift vor Augen: »Er mußte aber durch Samarien ziehen.« So feindlich erschien ihm diese neue Umgebung. Als der junge Predigerkandidat dann die altehrwürdige Kapelle sah, war er erneut bestürzt bei dem Gedanken, in einem solch großen und imposanten Gebäude predigen zu sollen, wo es gewiß eine wohlhabende und kritische Zuhörerschaft gab, die sein Vorhaben an Vermessenheit grenzen ließ. Doch wie öde sah es dann in dem Hause aus!

An diesem Morgen waren nur achtzig Zuhörer anwesend, die, verteilt auf die 1200 vorhandenen Sitzplätze, wie in alle Winde verstreute Samenkörner auf einem großen Acker wirkten. Spurgeon hatte den Text gewählt: »*Alle gute Gabe und alle vollkommene Gabe kommt von oben herab, von dem Vater des Lichts, bei welchem ist keine Veränderung noch Wechsel des Lichts und der Finsternis*« *(Jak. 1, 17).* Er hätte kaum einen anderen Text bringen können, der eine bessere Illustration für seinen Auftrag und seine spätere Tätigkeit geben konnte. Mit kühner Unerschrockenheit und in großem Freimut predigte er über das gewählte Wort aus der Heiligen Schrift. Zunächst schien die Reaktion auf diesen Gottesdienst reserviert zu sein. Spurgeon äußerte sich daher auch in dieser Weise gegenüber dem Diakon: »Ich wußte, daß ich Ihnen nicht von Nutzen sein würde, aber Sie wollten mich ja hierher haben.«

Doch einige unter den Zuhörern hatten tief ergriffen aufgehorcht und erkannt: Dies war der Mann für ihre Situation! Jetzt galt es, zu handeln! Man nutzte die Zeit bis zum Abendgottesdienst, um so viele Bekannte und Verwandte einzuladen wie nur möglich. Als Spurgeon die Kanzel am Abend betrat, hatten sich bedeutend mehr Zuhörer versammelt, um dem unbekannten Prediger zuzuhören. Er sprach über die Offenbarung des Johannes aus dem Kapitel 7, worin es heißt: *»Sie sind unsträflich vor dem Stuhle Gottes.«*

Die Wirkung dieser Predigt war erstaunlich. Spurgeon hatte die Gemeinde mit seinen Worten aus ihrer Verzagtheit herausgerissen. Am Schluß des Gottesdienstes standen ganze Gruppen der Gemeinde beieinander, um über diese außergewöhnliche Predigt zu debattieren. Als sich der jugendlich wirkende »Probeprediger« am Abend auf dem Weg zu seinem bescheidenen Kosthaus befand, begleitete ihn ein Mann namens Joseph Paßmore, der später sein Verleger und lebenslanger Freund werden sollte.

Auf Einladung der Diakone predigte Spurgeon im Januar 1854 zum Neujahrsgottesdienst und an zwei weiteren Sonntagen des Monats in der bekannten Kapelle. Danach wurde er herzlich gebeten, recht bald wiederzukommen. Doch er versuchte, das Angebot vorläufig zu umgehen. Als Begründung gab er an, daß er noch zwei Privatschüler in Waterbeach habe, die er nicht vernachlässigen dürfe, da sie ihm sonst weglaufen würden, und er auf diesen »Nebenverdienst« angewiesen sei. Da trat ein angesehener, prominenter Mann hervor und fragte den jugendlichen Prediger, wie groß denn der Verlust für ihn sei. Als Spurgeon die Summe nannte, griff dieser in seine Geldtasche und überreichte ihm im voraus den gesamten Jahresbetrag mit den Worten: »Die Schüler finden bald einen anderen Lehrer, wir aber brauchen Sie jetzt hier!«

Obwohl Journalisten bekannter Londoner Zeitungen, leider aber auch »Christen« den »grünen Jüngling vom Lande« schon nach den ersten Gottesdiensten mit ihrer Kritik herunterrissen, kam die Gemeinde selbst zu der Überzeugung, unverzüglich die Berufung des begabten Mannes in die Wege zu leiten. Die einstmals größte, reichste und auch einflußreichste Baptistengemeinde hatte nämlich einen geistlichen Tiefpunkt erreicht und keinen Prediger zur Verfügung, der in der Lage gewesen wäre, das Gemeindeschiff in einen neuen Kurs hineinzusteuern. Auch die äußeren Umstände, die die Lage der Kapelle betrafen, waren nicht gerade verheißungsvoll und günstig. Die Nachbarschaft war verrufen und ungeeignet für die Entfaltung eines Missionswerkes. Statt Wohnungen wurden in diesem Viertel nur noch Packhäuser gebaut.

Am 12. April 1854 richteten fünfzig Gemeindeglieder nun ein Gesuch an die Diakone, in dem sie baten, eine Gemeindeversammlung einzuberufen und die Wahl eines Gemeindepredigers vorzubereiten. »Wir entbieten unserem Bruder, Prediger C. H. Spurgeon, hiermit die aufrichtigste und herzlichste Einladung, ab sofort Prediger dieser Gemeinde zu sein. Wir beten, daß der Erfolg seiner Arbeit durch eine tiefgreifende Erweckung in unserer Mitte von Gott bestätigt werde und daß sein Dienst fruchtbar sein möge zur Bekehrung von Sündern und zur Erbauung derer, die bereits gläubig geworden sind.«

Mit diesem Bescheid wurde Spurgeon am 19. April 1854 einstimmig zum Prediger der Gemeinde berufen. Der Gewählte war noch keine zwanzig Jahre alt.

London – 1854

Bereits nach drei Monaten war der neue Prediger in der Weltmetropole London allgemein populär! Zu den Gottesdiensten strömten die Besucher scharenweise in die alte Kapelle. Die bekannten Tageblätter jener Zeit stellten immer wieder die Frage: »Wer ist denn dieser Spurgeon?« Die gewünschte Neubelebung der Gemeinde war so sprunghaft, daß selbst größte Skeptiker von der Fähigkeit und Begabung des jugendlichen Mannes überzeugt wurden. Die Kraft des Herrn offenbarte sich in Heilung von geistlich Kranken und Bekehrungen aus allen Bevölkerungsschichten. Die Stadt London hatte zur damaligen Zeit, verglichen mit heute, nur ein Fünftel an Bewohnern. Das Elend in der Stadt war ungeheuerlich. Es gab berüchtigte Slums (verwahrloste Stadtteile), in denen über 3000 Kinder nur vom Betteln lebten und 100000 Einwohner Analphabeten waren. Der Alkoholismus nahm überhand unter diesen Ärmsten der Armen, die Kriminalität weitete sich stetig aus und wurde von Jahr zu Jahr bedrohlicher.

Auch die geistlichen und kirchlichen Zustände sahen trostlos aus. Überall war der Tod im Topf. Die Gottesdienste wurden schlecht besucht, viele kamen nur im Winter in die Versammlungsräume, um sich in der Wärme ausschlafen zu können. Diese Zustände waren geradezu die Voraussetzung für eine geistliche Erneuerung, und Spurgeon predigte mit heiliger Begeisterung und im Feuereifer Gottes. Es dauerte gar nicht lange, da waren zu den Versammlungen alle Plätze in der alten Kapelle besetzt.

Es gab bedauerlicherweise auch hartnäckige Neider, die in eifersüchtiger Weise das baldige Ende dieser ungewöhnlich erfolgreichen Predigerkarriere voraussagten. Sie meinten, die Gemeinde könne eine überaus große Tradition nachweisen, berühmte Gottesmänner wären hier im Dienst gewesen. Zum Nachteil der Gemeinde hatten diese allerdings wie kleine Päpste zu lange ihr Amt wahrgenommen und keine Veränderung geduldet. Der bekannte Benjamin Keach hatte 36 Jahre lang das Predigtamt innegehabt, Dr. John Gill sogar 51 Jahre und der schon erwähnte Dr. Rippon hatte beide übertroffen mit seinen 63 Jahren Amtszeit.

Darüber hinaus besaßen diese Prediger nicht das Charisma eines

Spurgeon. Sie erschöpften sich in ihrem Predigtdienst durch lang-atmige Wiederholungen. Die Zuhörer waren während ihrer Gottesdienste eingeschlafen und kamen mit der Zeit gar nicht mehr oder nur an den bekannten Festtagen des Jahres. Gegen diese alte Predigergeneration nun wirkte Spurgeon wie ein sprühender Vulkan. Wenn der knabenhaft wirkende Prediger vom Lande die Kanzel betrat, legte sich eine heilige Stille über alle Zuhörer.

»Er besaß die einmalige Gabe, volkstümlich, spannend und mit Begeisterung zu sprechen. Man konnte alles verstehen. Sprichwortähnlich reihte er kurze Sätze aneinander. Ihm stand ein ungewöhnlich reichhaltiger Wortschatz zur Verfügung, so daß die Zuhörer nie ermüdeten. Auch bei ihm selbst konnte man keine Ermüdungserscheinungen beobachten. Er sprach ein gutes, reines Englisch und gebrauchte nur selten Fremdwörter. Wenn er sprach, waren Mund, Augen, Hände und Füße stets in Bewegung.«

Ein Augenzeuge berichtete:»Seine Stimme ist klar und melodisch, seine Sprache einfach, sein Stil fließend, aber geglättet, seine Methode klar und geordnet, sein Stoff gesund und angemessen, Ton und Gefühl sind herzlich, seine Bemerkungen stets markig-schneidig, zuweilen familiär und volkstümlich, aber niemals leichtfertig und gewöhnlich oder gar unpassend.«

Sein Auftreten wurde sehr schnell in der ganzen Stadt bekannt. Er besaß eine ungewöhnliche Kraft in der Zusammenfassung seiner Gedanken. Vor allem bediente er sich meisterhaft einer bildreichen Sprache durch Illustrationen, getreu seinem Meister Jesus folgend, über den man lesen konnte:»*Solches alles redete Jesus in Gleichnissen zu dem Volk, und ohne Gleichnis redete er nichts zu ihnen, auf daß erfüllt würde, was gesagt ist durch den Propheten: Ich will meinen Mund auftun in Gleichnissen und will aussprechen, was verborgen war von Anfang der Welt*« *(Matth. 13, 34–35).*

Ferner wird berichtet, daß ein damals bekannter Künstler versucht hat, Spurgeon zu porträtieren. Nach der fünften Sitzung habe er jedoch verzweifelt den Pinsel beiseite gelegt und ausgerufen:»Ich bringe es nicht fertig, jedesmal sind Sie ein anderer. Nie sind Sie gleich.« Hierin lag das Geheimnis, die Begabung seines Predigtdienstes: ständig nahm er eine andere Ausdrucksweise an. So brachte er es fertig, über dreißig Jahre lang vor einer Gemeinde mit konstant bleibender Zuhörerschaft, die Tausende zählte, stets fesselnd zu predigen. In jedem Gottesdienst legte er das Wort Gottes von einem anderen Gesichtspunkt aus dar.

Spurgeon war aber nicht nur ein wortgewaltiger Redner, sondern auch ein echter Seelsorger und ein fleißiger Arbeiter für den Herrn. Aus den umfangreichen Kommentaren zur »Schatzkammer Davids« entnehmen wir folgende Begebenheit:

»Im Jahre 1854, nachdem ich kaum zwölf Monate in London wohnte, wurde die Nachbarschaft meines Wirkungskreises von der asiatischen Cholera heimgesucht, und auch meine Gemeinde litt schwer darunter. Eine Familie nach der anderen rief mich an das Lager der Kranken; beinahe jeden Tag stand ich an einem Grabe. Mit jugendlichem Eifer gab ich mich den Krankenbesuchen hin; von allen Ecken des Distrikts ließen Personen aus allen Ständen und Kirchengemeinschaften mich ins Haus bitten. Kein Wunder, daß ich endlich an Leib und Seele erschöpft war und mich krank fühlte. Ein Freund nach dem anderen wurde ein Opfer der Seuche, und ich fühlte oder bildete mir ein, daß auch ich wie die übrigen krank sei. Es hätte nur noch ein wenig mehr Arbeit und Tränen bedurft, um mich aufs Lager zu werfen. Ich hatte das Gefühl, daß eine schwere Last auf meinen Schultern liege und daß ich unter ihr versinken müsse. Da fügte es Gott so, daß, als ich traurig von einer Beerdigung zurückkehrte, meine Neugierde durch ein Papier geweckt wurde, das an das Fenster eines Schuhmachers in der Doverstraße angeklebt war. Es sah nicht wie eine Geschäftsanzeige aus, es war auch keine, sondern auf dem Papier standen in deutlicher, fester Handschrift die Worte: ›Weil du den Herrn, den Höchsten, der deine Zuversicht ist, zu deiner Burg gemacht hast, so wird dir kein Übels begegnen, und keine Plage wird zu deiner Hütte sich nahen.‹ Die Wirkung auf mein Herz war eine unmittelbare. Der Glaube eignete sich die Stelle persönlich an, ich fühlte mich sicher, erfrischt und mit Unsterblichkeit begürtet. Innerlich ruhig und friedevoll setzte ich meine Besuche bei Sterbenden fort; ich fühlte keine Furcht vor der Seuche und blieb vor Schaden bewahrt. Dankbar erkenne ich in dieser Führung die Hand der Vorsehung, die den Handwerker bewog, diese Worte an sein Fenster zu kleben. Gern erinnere ich mich an die wunderbare Macht, die davon ausging, und preise dafür den Herrn, meinen Gott.«

Als Bruder unter Brüdern versuchte Spurgeon den Mitgliedern seiner Gemeinde in Wort und Tat zu dienen. Auch in anderen Kirchen und Gemeinschaften sprach und schrieb man von und über ihn. So liest man in einem Artikel der Zeitung der Quäkergemeinschaft »Der Freund« folgendes: »Es war ein merkwürdiger Anblick, diesen rundwangigen Jüngling vom Lande in einer Stellung von so schwerer Verantwortung und doch mit einem Ernst, einer Selbstbeherrschung und einer Kraft bei der Erfüllung seiner schweren Aufgabe zu sehen, der er wohlgewachsen erschien. Innerhalb weniger Wochen waren die Bänke gedrängt voll, jeder Sitzplatz war vermietet, und schon vor Ablauf von zwölf Monaten war das Verlangen, ihn zu hören, so groß geworden, daß jeden Sonntag auch jeder Stehplatz im Gebäude besetzt war und es sich bald zeigte, daß mehr Raum geschaffen werden müsse.«

Eines Abends rief der Prediger aus: ›Durch den Glauben fielen die Mauern zu Jericho, durch den Glauben wird auch diese Hintermauer fallen.‹ Ein älterer Diakon, der mehr Vorsicht als Glauben hatte, sagte nach der Predigt zu ihm: ›Lassen Sie uns nie wieder etwas davon hören!‹ – ›Was meinen Sie damit?‹ erwiderte Spurgeon. ›Sie werden nichts mehr davon hören, wenn es geschehen ist!‹«

Die Raumnot in der Kapelle nahm bald beängstigende Formen an. Alles strömte in das alte Gotteshaus, um den »Ungewöhnlichen« zu hören. Der Schaffner eines Pferdeomnibusses rief die Station für die Fahrgäste folgendermaßen aus: »Über die Themse zu Charlie – zu Charlies Versammlung!«

Bald gehörte Spurgeon zu den lebenden Sehenswürdigkeiten von London. Wer früher von auswärts in die Stadt kam, mußte unbedingt die St. Pauls Cathedral und die Westminster Abbey gesehen haben. Nun aber kam etwas ungewöhnlich Neues hinzu: »Haben Sie Spurgeon gesehen und gehört?« fragte man die aus London zurückkehrenden Besucher.

Der Vorstand der Baptistengemeinde berief im Jahre 1854 eine Versammlung ein, in der über ein dringendes Bauvorhaben gesprochen werden sollte. Dieses Vorhaben fand die Zustimmung der Gemeinde, und man veranlaßte alles, was für diese bauliche Veränderung der alten Kapelle nötig war. Dazu gehörte auch, daß man in dieser

Bauzeit einen anderen Versammlungsraum mieten mußte. Vom 11. Februar bis zum 27. Mai 1855 wurde also die viel größere und bekannte Exeter-Halle gemietet. Schon bald war auch diese Halle zu klein für die vielen Menschen, die herzuströmten, so daß man im Sommer die Versammlungen unter freiem Himmel abhielt. Hier sprach Spurgeon vor 10 000 bis 28 000 Menschen, und das ohne Mikrofon und Lautsprecheranlage oder andere technische Möglichkeiten. Als Kind vom Lande liebte er diese Freiluftgottesdienste, weil man da nicht unter schlechter und verbrauchter Luft zu leiden hatte, was ihm vielfach zu schaffen machte.

»Kräftige Seeluft oder ein tüchtiger Spaziergang im Wind füllt zwar nicht die Seele mit Gnade, aber doch den Körper mit Sauerstoff, der das Nächstbeste ist«, bekannte er später vor den Studenten seines Predigerseminars. Im Freien wußte er auch die Naturgegebenheiten zu nutzen. So entdeckte er während einer Predigt unter freiem Himmel ein wohlklingendes Echo. Deshalb schloß er seine Predigt mit den Worten:»Sehet, die Natur bestätigt und wiederholt die Botschaft: Komm! Komm! Komm!« Darauf schwieg er für Sekunden, und aus der Ferne hallte es in die atemlose Stille: Komm! Komm! Komm! –

Natürlich kamen viele aus purer Neugierde. Einige wollten sogar die Andachten durch Hohn und Spott stören. Doch kam es nicht selten vor, daß gerade solche Besucher bis zur Gebetsstunde blieben, um sich unter Tränen zum Herrn der Herrlichkeit zu bekehren. Es war Spurgeon übrigens lieber, daß seine Zuhörer zunächst spotteten und störten, als daß sie schliefen. Ein junger Mann schrieb damals an seine Mutter:»Man sagte, es wären sechstausend Menschen anwesend. Mir war es, als wäre ich ganz allein dagewesen.«

Spurgeon war wie eine brennende Fackel, die sich am Feuer des Evangeliums entzündete. Sonntags predigte er dreimal und im Laufe einer Woche fünfmal. Darüber hinaus unternahm er ausgedehnte Evangelisationsreisen mit der Bahn oder einem Pferdewagen. Seinen Schülern bekannte er:»Je öfter ich predige, desto größer wird meine Freude am Herrn.«

Im Jahre 1855 predigte er vierhundertmal, und immer wurden die Zuhörer gestärkt, erweckt und Sünder zum Herrn Jesus bekehrt.

Was kann aus Waterbeach schon Gutes kommen?

Bei allem geistlichen und auch sichtbaren Erfolg schwiegen seine Kritiker nicht. Je auffälliger das Wirken des ungewöhnlichen Predigers durch den Heiligen Geist bestätigt wurde, desto mehr hagelte es bissige Kritiken. Spurgeon war eben zu einem unüberhörbaren Stadtgespräch geworden. Dabei erreichten die gemeinsten Kritiken genau das Gegenteil dessen, was sie beabsichtigten, indem sie zur billigsten Reklame wurden. Erschien in der Zeitung die schon erwähnte Karikatur des am Geländer der Kanzeltreppe herunterrutschenden Landpredigers von Waterbeach, so wurde bei Tausenden die Neugierde geweckt, diesen »geistlichen Komödianten« einmal persönlich kennenzulernen. Trat Spurgeon dann auf diese Kanzel, die gar kein Geländer hatte, dann wurden die Zuhörer von der dynamischen Botschaft des Evangeliums so ergriffen, daß viele der Besucher fortan die Gottesdienste ständig besuchten. Selbst die übelsten Verleumdungen, Beschimpfungen und Lügen konnten den unerschrockenen Prediger nicht erschüttern. Einige Kostproben von den damaligen Angriffen in den Zeitungen sollen hier wiedergegeben werden. Da konnte man zum Beispiel lesen:

»Wie ein Schauspieler läuft er auf der Kanzel herum! Es ist, als wenn man im Theater den Schauspieler im höchsten Pathos deklamieren sieht.« Ein Geistlicher schrieb: »Dieser junge Mensch von einundzwanzig Jahren erlaubt sich, eine Sprache zu führen, die nur einem grauen Haupt zusteht. Sein Gebet ist so familiär, daß man sich entsetzen muß! Wo bleibt da die gemessene Sprache unseres herrlichen englischen Gebetsbuches!«

Es war vor allem die »Feuerwehr« der Geistlichkeit, die den Feuereifer des jungen Boten Gottes löschen wollte: »Er geht mit den Geheimnissen unseres allerheiligsten Glaubens roh und ehrfurchtslos um.«

»Das Mysterium, das hochheilige Geheimnis wird dem Volk in seiner Sprache verständlich gemacht, wird in die Sprache der Gosse herabgezogen. Man vermißt jede Ehrfurcht! Seine Redereien werden reichlich mit Anekdoten gespickt, was natürlich die Ohren des gewöhnlichen Volkes jucken mag. Und das nennt sich *Volkstümlichkeit!*« – Ein anderer aus dem Heer der Kritiker fühlte sich berufen, an Spurgeon folgende Zeilen zu schreiben: »Möge es Ihnen wohlergehen, lieber Herr Spurgeon, aber bitte, bitte, versuchen Sie doch einmal, die Leute zu *bekehren,* nicht zu *amüsieren!*«

Insbesondere fühlten sich die »Geistlichen Würdenträger« herausgefordert, den ungekünstelten, unorthodoxen und lebendigen Predigtstil Spurgeons zu geißeln: »Feierlich bringen wir unser Bedauern zum Ausdruck, daß wir wahrnehmen müssen, wie diese Überheblichkeit nicht errötet, diese Weisheit sich so einfältig und dieses prahlerische, unkultivierte Benehmen sich so leichtfertig geben kann. Und das alles im Namen der Religion und in Verbindung mit der heiligen Kirche! Wird er auch nur ganz vorübergehend wahre Volkstümlichkeit erringen können? Wir bezweifeln es! Welch schlechtes Licht wirft das alles aber auf die Würde und Intelligenz derer, die sich Jünger Jesu nennen!«

»Wer wirklich aus der Wahrheit ist, kann Spurgeon nicht mit Gewinn hören. Er ist ja rednerisch sehr begabt, aber er täuscht sich selbst und andere. Es gibt ja auch Bekehrungen, die nicht von Gott sind«, belehrte jemand anderes die Leser. Diese Art der geistlichen Verleumdung ist bis auf den heutigen Tag nicht ausgestorben und über die Jahrtausende praktiziert worden.

Noch heute, nach über hundert Jahren, ist das von Spurgeon hinterlassene Schriftgut heiß begehrt. Pfarrer, Pastoren und Prediger durchwühlen die Antiquariate, um die umfangreichen Bücher Spurgeons zu finden. Christliche Verlage drucken die Werke von C. H. Spurgeon in Großauflagen und verkaufen sie mit gutem Erfolg. Leider gehörten selbst Männer aus seinen eigenen Reihen zu seinen Kritikern. Einer von ihnen äußerte: »Es ist sehr bedauerlich, daß eine der besten freikirchlichen Kanzeln solch einem unreifen jungen Menschen offensteht!«

Oftmals wurden seine Worte willkürlich verdreht. Er zitierte des öfteren den Vers: »Gar nichts, gar nichts bringe ich, nur das Kreuz umschlinge ich.« Daraufhin bemerkte ein Kritiker: »Lieber Herr

Spurgeon, ja, ja, ja, wir wissen jetzt hinlänglich und glauben es Ihnen gern, daß Ihre Hände und Taschen leer sind!«

Spurgeon ging nicht leichtfertig über diese Kritik hinweg, er ließ sich aber auch nicht durch Verleumdungen mundtot machen, sondern prüfte, ob er den Kritikern recht geben müsse. Wenn dies der Fall war, so bemühte er sich eifrig, seine Fehler abzulegen. Ansonsten handelte er nach dem Motto seines großen Vorbildes, des Apostels Paulus:»Haltet mich nicht auf!«

Später übersandte er seiner Braut eine Sammlung der ausgefallensten Kritiken mit der Bemerkung:»Hier hast Du wieder etwas für Deine Raritätensammlung!«

Er selbst legte sich eine Mappe an, die den Titel trug:»Wahrheit und Dichtung. Lästerung, Tatsachen, Bosheiten, Fantasien.« In späteren Jahren, als er weltbekannt und von Gott bestätigt worden war, meinte er zu allen Verleumdungen und Kritiken:»Welch ein Narr ist doch der Teufel! Hätte er mich nicht mit soviel Kot beworfen, so wäre ich eine unbekannte Größe geblieben, und keine Mutterseele hätte sich um mich gekümmert.«

Spurgeon ließ aber auch nicht jede Kritik, die verleumderisch war, ungestraft über sich ergehen. Er verfaßte eine Broschüre, um den Lügengeistern massiv entgegenzutreten. Im Vorwort zu diesem Büchlein mit dem Titel:»Exzentrische Prediger« schreibt er:»Das vorliegende Büchlein habe ich hauptsächlich zu meiner eigenen Rechtfertigung herausgegeben. Ich hielt nämlich vor einigen Jahren einen Vortrag über ›exzentrische Prediger‹, über den der Berichterstatter einer Zeitung einige Mitteilungen veröffentlichte. Es waren das, wie alle Leistungen dieser Art, herausgegriffene, abgerissene Sätze, ohne Ahnung vom Vortrag selbst. Die Herren von der Presse nehmen ja natürlich auf das Amüsement ihrer Leser Rücksicht und suchen daher alles Merkwürdige und Pikante heraus, was ein Redner an Aussprüchen und Geschichten vorgetragen hat. Da aber alles aus dem Zusammenhang gerissen ist, erhält man ein höchst unvollständiges Bild vom Ganzen. Man darf überhaupt Reden und Vorträge nicht nach den üblichen Zeitungsreferaten beurteilen; sie bieten in jedem Fall eine dürftige Skizze, oft sogar eine schnöde Karikatur.

Ich dachte gar nicht mehr an meinen Vortrag, bis ich eines Tages die

Überbleibsel jenes Reporterberichtes in einer amerikanischen Zeitung aufgetischt fand, und zwar so, als wäre es eine Ansprache von mir selbst, die es wert wäre, mit einem Buch über ›Auslegung und Auslegungen‹ (Commenting and Commentaries) in einem Band zusammengebunden zu werden.

Zum Glück besaß ich noch ein vollständiges Manuskript jenes verstümmelten Vortrages. Ich beschloß also, ihn drucken zu lassen, damit man sähe, was ich eigentlich gesagt hatte. Als ich ihn aber durchsah, erschien es mir zweckmäßig, ihn zu einem Büchlein zu erweitern, von dem ich hoffe, daß es dem Leser keinen Schaden bringen wird.

Bei der Herausgabe dieses Schriftchens verfolge ich nun den Zweck, gegen die *Splitterrichter,* die einen Mann wegen eines einzigen Wortes zum Missetäter stempeln, und gegen die Lügengeister, die zum großen Schaden und Kummer gerade der eifrigsten Diener meines Herrn, überall Unlauterkeit wittern, zu Felde zu ziehen. Viele Zuhörer bringen sich selbst um den besten Segen, weil sie zu viel kritisieren und zu wenig nachdenken. Viele andere laden eine schwere Schuld auf sich, indem sie solche Männer verleumden, die ihr Leben dem Wohle ihrer Brüder gewidmet haben.

Gleichwohl gibt es zartfühlende, liebevolle Gemüter, die sich durch Erfahrungen dieser Art tief gekränkt und durch rücksichtslose Angriffe in ihrer gewissenhaften Pflichterfüllung beschwert und gehindert fühlen. Die stärkeren und derberen Naturen unter uns lachen darüber, wenn man uns lächerlich zu machen sucht, – aber auf andere wirkt so etwas niederschlagend. Den letzteren zum Trost sind die nachfolgenden Zeilen geschrieben. Möchten sie müßigen Witzlingen eine Warnung sein, die Diener des allerhöchsten Gottes zu verunglimpfen.

Als solche sind wir zwar nicht vollkommen, doch tun wir, was nur irgend in unseren Kräften steht. Darum ist es so schmerzlich zu sehen, daß viele Glieder unseres Volkes über unseren *persönlichen Unvollkommenheiten* unsere *göttliche Sendung* vergessen.

Gott hat mit Absicht seinen Schatz in irdene Gefäße eingeschlossen, damit offenbar würde, wie in unserer Ohnmacht *seine Kraft allein* sich mächtig erweist. Wir ersuchen daher unsere Zuhörer, nicht so sehr an den Mängeln der Einfassung haften zu bleiben und darüber die Schönheit und den Glanz des Edelsteins zu übersehen. Die Weisheit muß sich rechtfertigen lassen von ihren Kindern, und Gottes Gnade arbeitet mit solchen Rüstzeugen, die sie dafür aussucht.

Laß es dir gefallen, lieber Leser, von jedem Diener meines Herrn ein klein wenig gefördert zu werden, auch von deinem aufrichtigen

C. H. Spurgeon«

Ist Gott für Spurgeon, wer kann wider ihn sein?

Hatte Spurgeon auch viele Gegner und Spötter; jeder aufrichtige und unvoreingenommene Besucher konnte sich während der großen Gottesdienste davon überzeugen, welche Kraft durch das Wort Gottes von ihm ausging, so daß man mit den Worten des Apostels Paulus von ihm sagen konnte: »Ist Gott für Spurgeon, wer mag wider ihn sein?«

Zigtausende konnte er zu seinen Anhängern, Freunden und Brüdern in Christo zählen. Ein berühmter Redakteur der damaligen Zeit klagte gegenüber einer Dame: »England hat keinen John Knox, keine redegewaltigen furchtlosen Reformatoren mehr!«

Er erhielt zur Antwort: »Nein, aber ihr habt einen Spurgeon!«

Nach dem zweiten Gottesdienst in der Exeter-Halle schrieb James Grand, ein Redakteur des »Morning Advertiser«: »Man wird es leicht verstehen, wie groß die Volkstümlichkeit des noch knabenhaften Predigers ist, wenn wir die Tatsache erwähnen, daß gestern sowohl am Morgen wie am Abend die große Halle, die zwischen vier- bis fünftausend Menschen faßt, bis auf den äußersten Winkel gefüllt war. Es steht außer Zweifel, daß Spurgeon ein hohes Talent besitzt. Manchmal erhebt er sich zu hinreißender Kanzelberedsamkeit. Es liegt eine ungewöhnliche Weihe auf dem Ganzen, obgleich er sich dessen nicht bewußt ist. Er ist ein völlig origineller Prediger. Offensichtlich hat er George Whitefield zum Vorbild gewählt und, wie jener unvergleichliche Prediger, der Fürst unter den Rednern, ist auch er ein Freund schlagender Bemerkungen. – Zweifellos ist er der volkstümlichste Prediger der Gegenwart. Im ganzen Reich Ihrer Majestät gibt es keinen Mann, der imstande wäre, solche außerordentlich große Zuhörerschaft anzuziehen; und keiner kann die Seele der Zuhörer packen und befriedigen wie er.«

Auch das Jahr 1856 wurde für Spurgeon ein sehr bewegtes. Am 8. Januar heiratete er Fräulein Susanne Thompson, die Tochter von Robert Thompson. Dr. Alexander Fletcher hielt die Traupredigt in der Kapelle der neuen Parkstraße. Das Gotteshaus war bis auf den letzten Platz gefüllt, und vor dem Eingang standen noch ungefähr zweitausend Personen, die wenigstens das jungvermählte Paar sehen wollten.

Bis zum Juni desselben Jahres wurde zum Vormittagsgottesdienst die »Kleine Kapelle« mit 1200 Sitzplätzen benutzt, während man für den Abendgottesdienst die Exeter-Halle, das Vereinshaus für christliche junge Männer, mietete, um die zunehmenden Besucherscharen unterbringen zu können. Aber auch hier hatten »nur« bis zu sechstausend Personen Platz.

Schließlich wurde auch dieser Raum zu klein. Darum eröffnete man einen Baufonds, um in absehbarer Zeit ein eigenes und den Erfordernissen entsprechend großes Gotteshaus bauen zu können, zumal von der Verwaltung des CVJM angedeutet worden war, daß man diese Halle nicht unbefristet an die Baptistengemeinde vermieten könne. Die Fertigstellung einer gewaltigen Musikhalle, dem »Royal-Surrey-Garden«, die für die Monsterkonzerte des Musikers Jullien vorgesehen war, machte es möglich, angesichts der riesigen Besucherzahlen in diese Halle auszuweichen. Anfänglich hatten manche Mitglieder der Gemeinde ernste Bedenken, in die für weltliche Zwecke gebaute Musikhalle zu ziehen, und nannten sie »des Teufels Haus«. In der Tat wurden in ihr für die damalige Zeit recht anrüchige Stücke aufgeführt. Andererseits aber bot sie gut zehntausend Personen Platz.

Als man nun in dieser Halle Gottesdienste durchzuführen begann, ereignete sich ein schrecklicher Zwischenfall, der in Spurgeon eine nachhaltige Erschütterung auslöste. Sogar Jahrzehnte danach hatte die Erinnerung noch eine niederschmetternde Wirkung auf sein seelisches Gleichgewicht. Was war passiert?

Während des ersten Gottesdienstes in der großen Musikhalle erhoben sich, wie vermutet wird, verabredete Gegner dieser gewaltigen Erweckungsbewegung und schrien, wild gestikulierend, in die versammelte Menge von der Galerie herunter: »Feuer! – Feuer! – Feuer! Die Galerie stürzt ein, das Haus bricht zusammen!«

Durch solche Schreckensrufe in Panik versetzt, brach ein unbeschreibliches Durcheinander unter den Besuchern aus. An die achtbis neuntausend Personen stürzten zu den Ausgängen, sprangen sogar zum Teil von den Galerien hinunter in den Saal und versuchten, wild um sich schlagend, die Ausgänge zu erreichen. Durch das furchtbare Drängen wurden mehrere Personen auf den steinernen Stufen der nordwestlichen Treppe umgestoßen und von den Nachdrängenden regelrecht zertreten. Es gab sieben Tote und achtundzwanzig Schwerverletzte, die sofort in die nächstliegenden Krankenhäuser transportiert wurden. Dieser Vorfall ist im Gemeindebuch schriftlich festgehalten.

»Unser Prediger, der nicht ahnte, daß der Verlust irgendeines Menschenlebens zu beklagen sei, blieb auf der Kanzel und bot alles auf, was in seinen Kräften stand, um die Leute zu beruhigen, was ihm auch in nicht unbedeutendem Maße gelang. Da aber beim Versuch, aufs neue den Gottesdienst zu beginnen, sich herausstellte, daß die Leute zu aufgeregt waren, um zuzuhören, beendete er denselben. Dieses beklagenswerte Ereignis hatte für das Nervensystem unseres Predigers sehr bedenkliche Folgen. Er war tagelang völlig niedergeschlagen und gezwungen, seine Predigtbestellungen abzusagen.«

Spurgeon brach nach der Versammlung zusammen. Er wurde in den Garten des Grundstücks eines seiner Diakone gebracht, wo er verzweifelt ausrief: »Ach, wenn nur Gott verherrlicht wird! Auf mich kommt es ja nicht an! Was macht es, wenn ich darüber zugrunde gehe!«

Schonend und mit großer Behutsamkeit überbrachten Diakone seiner Frau die Nachricht von dem Unglück. Sie versorgte daheim gerade ihre beiden Kinder, die lieblichen Zwillingssöhne. Später bekannte sie: »Als sie meinen Mann nach Hause brachten, sah er aus wie ein Wrack.«

Für die Zeitungen war diese Katastrophe natürlich ein »gefundenes Fressen«. Mit aller Härte griffen sie Spurgeon und die Gemeinde an. »Eine Hundepeitsche für diesen Menschen!« schrieben sie. »Wie kann man ein solches Lokal für religiöse Zwecke verwenden? Als wenn es in der ganzen Welt nichts Wichtigeres gäbe als Religion!«

Wie Aasgeier fielen die Journalisten über den Mann Gottes mit ihren boshaften Beschuldigungen her, obwohl weder Spurgeon noch

seine Mitarbeiter in irgendeiner Weise für das Geschehene verantwortlich waren. Jetzt zeigten sich aber auch die wahren, echten
Freunde, die ihm in der Not die Treue hielten. Sie versuchten, den
völlig Verzweifelten mit den Worten zu trösten: »Darum hat ihn
auch Gott erhöht . . .« Und Spurgeon antwortete: »Gut, wenn nur
Christus erhöht wurde, dann mag der arme Spurgeon zugrunde gehen!«

Wie vernichtend diese Katastrophe auf Spurgeon eingewirkt hatte,
spiegelt sich in dem Bericht der Gemeindechronik wider: »Durch
die große Barmherzigkeit unseres himmlischen Vaters wurde unser
Prediger soweit hergestellt, daß er imstande war, am Sonntag, dem
31. Oktober, die Kanzel in unserer eigenen Kapelle betreten zu
können; nach und nach ist seine normale Kraft und Gesundheit
wiedergekehrt. Der Name des Herrn sei gepriesen. Die Gemeinde
wünscht, dieses Ereignis in ihrem Protokollbuch zu notieren und
Gott ihren innigsten Dank auszusprechen, daß bei dem beklagens-
werten Unfall das Leben ihres geliebten Predigers, der Diakone und
Gemeindeglieder bewahrt geblieben ist; sie hofft auch, daß unser
himmlischer Vater aus diesem anscheinenden Übel die größte Fülle
von wirklich Gutem hervorgehen lassen wird.«

Spurgeon war also wochenlang nach dieser Panik nicht in der Lage,
zu predigen. Um der Wiederholung einer ähnlichen Katastrophe
vorzubeugen, wurde von dieser Zeit an keine Abendversammlung
mehr in der Musikhalle gehalten. Man beschränkte sich auf die
Morgengottesdienste, obwohl sie für Großveranstaltungen nicht so
geeignet waren. Als dann aber doch gewaltige Besucherscharen kamen, mußte man sich erneut zu den Gottesdiensten in der Musikhalle entschließen, die dann drei Jahre lang fortgesetzt wurden. Gerade an diesem Ort konnten alle Schichten der Bevölkerung mit dem
Evangelium erreicht werden. Hunderte suchten Jesus und fanden
bei Ihm ewiges Leben. Ein damals bekannter Gelehrter schrieb über
die unvermindert anhaltende Erweckung: »Ich möchte Spurgeon
hören; laßt uns darum gehen. Zwar gelte ich als ein Hochkirchler:
›Was! Hingehen und einen Calvinisten hören, einen Baptisten? Einen Mann, der sich schämen sollte, daß er der Kirche so nahesteht
und doch nicht innerhalb ihrer Gruppen ist? – Tut nichts, komm
und höre ihn!‹ Kurz und gut, wir gingen gestern morgen nach der
Musikhalle in den Surrey-Garden. Man denke sich eine Versamm-

lung von zehntausend Personen in die Halle strömend, um zuerst die Galerien zu füllen, die besten Plätze, schließlich aber überhaupt *nur* einen Platz zu erobern. Nach mehr als halbstündigem Warten – denn wer einen Platz haben will, muß wenigstens eine halbe Stunde vorher da sein – stieg Spurgeon auf seine Tribüne. Dem Gesumm und Gedränge und Getrampel der Menschen folgte ein leiser, konzentrierter Schauer und ein Hauch der Andacht, der plötzlich wie ein elektrischer Strom die Brust jedes Anwesenden zu durchdringen schien. Mit dieser magnetischen Kette hielt der Prediger uns beinahe zwei Stunden lang wie gefesselt.«

Der 7. Oktober 1857 wurde in London zu einem Bußtag für alle Christen der Evangelischen Allianz bestimmt, an dem man sich vor Gott beugen sollte wegen der Unruhen in Indien. Aus diesem Grunde mietete man den Kristallpalast zu einem Gottesdienst, der ein riesengroßes Ausstellungsgebäude aus Glas und Eisen war. In dieser gewaltigen Halle mußte also ein Pfarrer oder Prediger ohne technische Hilfsmittel, wie wir sie heute zur Verfügung haben, für alle Zuhörer, und das waren Zigtausende, verständlich sprechen. Wer wollte es wohl wagen, vor 20 000 bis 25 000 Menschen ohne jeden Lautsprecher und Verstärker, die es eben damals noch nicht gab, zu sprechen?

Nur einer unter allen Pastoren Londons fand sich dazu bereit: C. H. Spurgeon. Der damals dreiundzwanzig Jahre alte »Jungprediger« enttäuschte niemand. Die Kollekte zugunsten des Nationalfonds betrug 686 Pfund Sterling. Die körperliche Anstrengung dieser Großversammlung war jedoch für Spurgeon derart, daß er, zu Hause angekommen, sich sofort ins Bett legte und vierundzwanzig Stunden hintereinander schlief!

Bald mußten Spurgeon und seine Gemeinde wieder aus der Musikhalle in die Räume des CVJM umziehen. In den Sälen der Royal-Surrey-Garden spielte man furchtbar anrüchige Stücke, in denen auch alles Heilige verspottet wurde. Unter anderem brachte die Theatergesellschaft ein Stück zur Aufführung, in dem dargestellt wurde, wie die Seelen in der Hölle verschmachteten. Zwar bekehrte sich mancher weltliche Besucher dieser satanischen Schauspiele später in Spurgeons Versammlung und protestierte dann gegen die Gottlosigkeit dieses Hauses. Doch war der Zustand auf die Dauer unhaltbar, in diesem Hause sowohl Theaterstücke aufzuführen als auch Gottesdienste abzuhalten.

Spurgeon schreibt hierüber: »Wir bezahlten der Gesellschaft für das Abhalten unseres Morgengottesdienstes eine ansehnliche Summe; dies war der einzige Betrag, von dem eine Dividende bezahlt wurde. Die Gesellschaft plante nun, am Tage des Herrn (sonntags) die Gärten abends für Vergnügungszwecke zu öffnen, wir aber drohten, falls das geschehe, das Mietverhältnis aufzulösen. Dadurch konnten wir dies zwar eine Zeitlang verhindern, aber endlich bekam doch der niedriger gesinnte Teil die Oberhand. Mit der Bemerkung, daß das Sonntagsvergnügen sich einträglich erweisen werde, kündigte man an, daß hinfort die Gärten sonntags geöffnet seien. Wir fühlten uns also verpflichtet, die Halle aufzugeben. Nicht lange danach wurde das Gebäude ein Raub der Flammen, und was davon stehenblieb, diente jahrelang als Hospital.«

Unter diesen Umständen kam also die Gemeinde am 18. Dezember 1859 wieder in die Exeter-Halle des CVJM zurück. Spurgeon berichtet: »Nach der weisen Vorsehung Gottes haben wir als Seine Gemeinde und Sein Volk oft wandern müssen. Wir sind jetzt zum drittenmal innerhalb dieser Mauern. Unsere Zeit hier ist zu Ende. Wir befanden uns in einer Zwangslage, als wir uns zu einem Umzug entschlossen, zuweilen zwang uns aber auch unser Gewissen dazu. Bei der jetzigen Veranlassung ist es aber ein erfreuliches Muß. Ich bin gewiß, Gott ging mit uns, als wir das erstemal nach der Surrey-Musik-Halle zogen. Der Satan ging auch mit, aber er mußte vor uns flüchten. Jenes entsetzliche Unglück, dessen Eindruck nie aus meinem Gemüt verwischt werden wird, erwies sich unter Gottes Leitung als eines der wunderbarsten Mittel, die Aufmerksamkeit des Publikums auf besondere Gottesdienste zu lenken. Ich bezweifle nicht – wie schrecklich auch die Katastrophe war –, daß sie zur Quelle zahlreicher Segnungen geworden ist. Die christliche Welt sah unser Beispiel sowie auch den späteren Erfolg und eiferte dem nach, so daß heutzutage sowohl in Theatern als auch in Kathedralen und anderen Stätten, wo bis dahin nie das Wort Gottes verkündigt worden war, das Evangelium gepredigt wird. Wir hatten Ursache, bei jedem Umzug, besonders hierher, die Hand Gottes zu erkennen. Sind doch manche Bewohner vom Westende, die vielleicht den Weg über den Fluß nicht gemacht haben würden, hierher gekommen, um der Verkündigung des Wortes zu lauschen. Hier sind durch Gottes Gnade Herzen zerbrochen und Menschen zu neuem Leben erwacht. Viele Verirrte fanden wieder auf den rechten Weg. Oh, ihr Mächtigen der Erde, gebt dem Herrn die Ehre, Ihm, der würdig ist zu nehmen Preis, Ehre und Kraft! Rühmt Seine Herrlichkeit, preiset Seinen herrlichen Namen!«

Die Musikhalle war trotz der Kehrseite Tausenden zum Segen geworden. An diesem großen und neutralen Ort hatten Leute aus allen Klassen, vom Premierminister an bis zu den untersten Ständen, das Wort Gottes gehört; und aus allen Volksschichten hatten sich Menschen zum Herrn bekehrt und waren der Gemeinde hinzugetan worden. Für viele wurde sie die Geburtsstätte zu einem neuen Leben mit Gott, wenn auch nach diesem Brand von der grandiosen Halle nur eine Ruine übriggeblieben ist.

Das Metropolitan-Tabernakel

Wegen des enormen Zuwachses an Besuchern und des reichen göttlichen Segens, den die Gemeinde in den vier Jahren empfangen hatte, brauchte sie nichts dringender als ein erweitertes eigenes Gotteshaus. Deshalb wurde der Plan zum Bau des sogenannten »Tabernakel« mit Freuden begrüßt. Der Prediger und seine Mitarbeiter gingen bei der Finanzierung dieses Vorhabens mit leuchtendem Beispiel voran und legten den ersten Grund zum Bau des Hauses durch ein besonderes Bauopfer. Auch die Mitglieder der Gemeinde standen dem nicht zurück und beteiligten sich mit unzähligen Freunden an diesem Baufonds. Es gingen Geldbeträge ein, die vom Scherflein der Witwe bis zu Hundert-Pfund-Banknoten reichten. Auf diese Weise kam in kurzer Zeit eine stattliche Summe Geldes zusammen.

Einer der Diakone kaufte ein passendes Grundstück, das er als Bauplatz für 3000 Pfund Sterling an die Gemeinde abgab. Dadurch wurde eine erhebliche Summe eingespart, die man sonst einem Baumeister für dessen Vorarbeit hätte leisten müssen. Das Gebiet, auf dem sich das Baugrundstück befand, war ein Platz, auf dem einst christliche Märtyrer als Blutzeugen Jesu Christi um ihres Glaubens willen ihr Leben gelassen hatten. Nun sollte hier ein Gebäude entstehen, in dem Hunderten, ja sogar Tausenden das Evangelium gepredigt und sehr vielen davon zu einem neuen Leben verholfen wurde.

Die erste große Versammlung zur Beratung über die notwendigen Vorarbeiten zum Bau des Tabernakels wurde im Oktober 1856 einberufen. Man einigte sich, dem damals bevorzugten Stil griechischer Architektur zu folgen. Da der Völkerapostel Paulus das Evangelium in griechischer Sprache verbreitete und das Neue Testament ebenfalls in griechischer Sprache verfaßt worden war, meinte man, der Umwelt symbolisch durch den Baustil ein Zeichen setzen zu müssen. Die Musikhalle »Royal-Surrey-Garden« war auch im griechischen Stil gebaut worden, und die Akustik in jener Halle ausgezeichnet. Für das neue Gotteshaus wurden zunächst zweiundsechzig Architekturentwürfe angefertigt. Das neue Gebäude sollte fünftausend Sitzplätze und eintausend Stehplätze erhalten. Natürlich gab es auch heftige Mahner, die für ein solches Projekt mit einem derartigen Umfang unüberwindliche Schwierigkeiten voraussahen und Zweifel daran hegten, daß ein Gotteshaus in dieser Größenordnung auf die Dauer ausgefüllt werden könne. Der Segen Gottes blieb jedoch bei denen, die den klaren Auftrag des Herrn weiter befolgten und den gefaßten Plan in die Tat umzusetzen begannen. Im Januar 1858 hatte man bereits 6100 Pfund Sterling für den Bau gesammelt. Im Laufe des Jahres erweiterte sich der Betrag auf 9639 Pfund Sterling. Bei ausgedehnten Reisetätigkeiten in auswärtigen Gemeinden sammelte Spurgeon beträchtliche Opfer für den Bau. Sogar in Schottland wurden erhebliche Beträge für den Baufonds gespendet.

Bauzeiten sind Krisenzeiten! Abseitsstehende und ständige Nörgler machten dem Bauausschuß die Arbeit und das Leben schwer. Doch gegen alle Widerstände nahm das Werk seinen Fortgang.

»Wir arbeiteten unermüdlich weiter, indem der Prediger selbst einen sehr erheblichen Teil des Geldes durch persönliche Sammlungen sowie durch seine Predigten und seine zu diesem Zweck unternommenen Reisen weit und breit zusammenbrachte«, schrieb Spurgeon. Der eigentliche Grundstein für das Hauptgebäude wurde dann am 16. August 1859 durch Sir Samuel Morton Peto gelegt, einem Mitglied des Parlaments von England. Da der Bauplatz bereits bezahlt war, konnte man der Baufirma eine beachtliche Anzahlung leisten. Im Januar 1860 hatte das Baukomitee 16868 Pfund Sterling, das heißt über die Hälfte der erforderlichen Bausumme beisammen. Doch die andere Hälfte einer solch großen Summe mußte erst noch geopfert werden, und zeitweilig kamen die Bauopfer nur spärlich ein, so daß Spurgeon vorübergehend kleinmütig und sehr nervös wurde. Sein Prinzip aber war, diesen Bau schuldenfrei zu erstellen; nichts haßte er mehr als Schulden. Viele Führungen Gottes und offensichtliche Wunder konnte die Gemeinde in dieser Zeit erleben.

Einst reiste Spurgeon mit Pferd und Wagen über Land. Plötzlich überholte ihn ein anderes Fahrzeug. Der Besitzer dieses anderen Wagens grüßte Spurgeon freundlich und bat ihn, in seinen Wagen zu kommen. Bald spürte jener den bedrückten Zustand, die große Sorgenlast, die auf dem Prediger ruhte. »Wieviel benötigen Sie?« fragte der Unbekannte. Spurgeon nannte die Summe. »Gut, ich will

Ihnen mit einer Spende helfen, darüber hinaus gebe ich Ihnen ein größeres Darlehen. Zahlen Sie es zurück, wann Sie es können.«

Spurgeon dankte seinem Herrn und dem Geldgeber und war vorerst mal wieder ohne Geldsorgen. Später sagte Spurgeon: »Nur die Ewigkeit kann die großherzigen Entschlüsse und die selbstverleugnende Freigebigkeit offenbaren, die uns von den Christen bei diesem Unternehmen bewiesen wurde – einem Unternehmen, jedenfalls zur Zeit so riesenhaft, daß wir es ohne göttlichen Beistand niemals hätten ausführen können. Es war eine besondere Gnade, daß wir unseren geliebten Bruder William Higgs zum Baumeister hatten, der uns mit unbegrenzter Selbstlosigkeit half.«

Die Gelder kamen mehr oder weniger reichlich ein, trotzdem waren Anfang des Jahres 1861 noch 4000 Pfund Sterling erforderlich, um das Gotteshaus schuldenfrei fertigstellen zu können. »Tragt es dem Herrn im Gebet vor«, das ist von jeher in allen Schwierigkeiten und Bedrängnissen der Ruf des Predigers und seiner Gemeinde gewesen. Im Gemeindebuch finden wir folgende Notiz: »Diese Gemeinde braucht noch reichlich 4000 Pfund Sterling, um das neue Tabernakel schuldenfrei eröffnen zu können. Sie erbittet sich demütig diese irdische Gabe von Gott und glaubt, daß um Jesu willen diese Bitte erhört und ihr die Gabe geschenkt werde.« Dieses Schreiben wurde von Spurgeon und seinen engsten Mitarbeitern unterzeichnet. Ihr Gebet wurde erhört, die Gaben gingen ein, und der Prediger mit seinem Mitarbeiterstab unterschrieben folgendes Zeugnis: »Wir, die unterzeichnenden Glieder der Gemeinde, die bisher in der New-Park-Street-Kapelle ihre Gottesdienste hielt, jetzt aber in dem Metropolitan-Tabernakel, Newington, wollen mit überströmendem Herzen die Güte unseres großen Gottes kundwerden lassen und berichten: Wir beteten im Glauben, aber der Herr hat über unser Bitten getan, denn es wurde uns nicht nur die ganze Summe geschenkt, sondern auch viel früher als wir erwartet hatten. Wahrlich, der Herr ist gut und würdig, gepriesen zu werden. Wir schämen uns, daß wir je an Ihm gezweifelt haben, und bitten, daß wir als Gemeinde und als einzelne Persönlichkeiten dazu befähigt werden mögen, allezeit dem Herrn mit voller Zuversicht zu vertrauen und so unsere Seelen in Geduld zu bewahren. Dem Vater, Sohn und Heiligen Geist bringen wir Lob und Dank und besiegeln es hiermit, daß Gott wahrhaftig ist.«

Die gesamte Bausumme belief sich auf 31 332 Pfund Sterling, die ausschließlich durch freiwillige Spenden und Darlehen aufgebracht wurde, wobei von der Staatskirche und anderen Freikirchen auch mancher Baustein hinzugefügt worden ist. –

Der große Tag der Einweihung war der 31. März 1861. Die ersten Worte, die Spurgeon von der neuen Kanzel im Tabernakel sprach, lauteten: »Welches soll das große Thema der Verkündigung in diesem Hause sein? Kann es ein anderes sein als *Jesus Christus,* so lange diese Plattform steht und dieses Haus von Anbetern aufgesucht wird? Ich habe mich nie geschämt, Calvinist zu sein, und ich zögere auch nicht, mich frei als Baptist zu bekennen. Wenn ich aber nach meinem Glaubensbekenntnis gefragt werde, so gibt es keine andere Antwort als *Jesus Christus.*

Mein ehrwürdiger Vorgänger, Doktor Gill, hat uns ein Glaubensbekenntnis hinterlassen, das wie aus Granitblöcken zusammengefügt ist; aber hier sollen nicht theologische Lehrsysteme verkündigt und verteidigt, sondern der lebendige Christus gepredigt werden, als wäre Er unter uns gekreuzigt. Er ist der Weg, die Wahrheit und das Leben.«

Den Festtagen der Eröffnung folgten dann Gottesdienste, in denen Nachbargemeinden, die Spender, das Baukomitee, Missionsunternehmen und Stationsgemeinden im neuerbauten »Tempel des Herrn« zu Worte kamen. Am 2. April fand die erste Taufe statt, und am 3. April feierte die Gemeinde mit großer Freude das erste Abendmahl in der »Neuen Heimat«.

Das Gebäude selbst war so gestaltet, daß sich neben dem großen Gottesdienstraum ein »kleiner Saal« mit neunhundert Sitzplätzen für Vorträge, Gebetsstunden und andere Versammlungen befand. In weiteren Räumlichkeiten konnten zweitausend Sonntagsschulkinder in Klassen untergebracht werden. Dazu kam noch ein beachtlich großer Gebäudeteil für ein Predigerseminar.

Im oberen Stockwerk konnten sich der Prediger und die Diakone in verschiedene Räume zur stillen Andacht zurückziehen. Sehr wichtig für Spurgeon, den unermüdlichen Schriftsteller, waren die Räume für Literatur, eine große Bibliothek sowie Lagerräume für Bücher und Traktate.

Im Gottesdienstraum fand man weder einen Altar noch eine Orgel. Spurgeon hielt von dieser »Stimmkiste« nicht viel. Sein Wunsch war es, daß die ganze Gemeinde zur Ehre Gottes einmütig ihre Stimme zu einem großen, gewaltigen Loblied erhob. Ein Vorsänger trat auf, gab das Lied bekannt, stimmte es dann kräftig an, worauf die tausendköpfige Gemeinde gewaltig einstimmte, daß es weit in die Umgebung hinaushallte.

Es gab auch keinen Gemeindechor, denn diese Einrichtung hielt Spurgeon für überflüssig. Als ihn jemand auf einen anderen Kirchenchor aufmerksam machte, meinte er sarkastisch: »Ja, nun kann ich verstehen, warum Saul mit dem Speer nach dem Harfenspieler David warf.«

Dennoch war es ein feierlicher Augenblick, wenn sich die Tür der obersten Galerie öffnete und Spurgeon an der Spitze seiner Ältesten die Stufen zur Plattform herabschritt. Bei jedem der sechs Absätze blieben vier Älteste zurück, zwei setzten sich zur Rechten, zwei zur Linken, bis schließlich der Prediger allein auf der Plattform anlangte und sich zum stillen Gebet neigte. Mit diesen Ältesten hatte Spurgeon gerade vorher gebetet. Es war jedesmal, als käme er direkt von Gott, von dem er sich seinen Auftrag geholt hatte. Er wußte auch, daß diese Männer anhaltend für ihn beteten, während er allein vorgetreten war, um seine Botschaft auszurichten. Spurgeon selbst betonte immer wieder: »Sagt mir, wann ihr aufhört, für mich zu beten, und ich sage euch, wann ich aufhöre zu siegen.«

Auf der Plattform stand ferner ein großer Abendmahlstisch, auf dem bei der Abendmahlsfeier dreißig Kannen und hundert Kelche standen, weil sich die Abendmahlsgemeinde aus durchschnittlich tausend bis zweitausend Mitgliedern zusammensetzte. In der zum hundertsten Geburtstag herausgegebenen Biographie von A. Hoefs können wir über den Verlauf des Abendmahls im Tabernakel folgendes entnehmen:

»Diese Teilnehmer treten nicht herzu, sondern man bringt Brot und Kelch zu ihnen. Da die Stufen nach unten und nach oben mit Decken und mit Teppichen belegt sind, geht das Hin- und Hereilen der bedienenden Diakone so geräuschlos und mit einer solchen Feierlichkeit vonstatten, daß man durch nichts in seiner Andacht gestört wird.

Diese Stimmung vertieft sich noch um vieles, wenn nun Spurgeon in sichtlicher Ergriffenheit und mit hoher Würde die Feier leitet. Ihm war das Hohelied des Alten Testaments das Brautlied der Gemeinde Christi, die sich im Geist mit ihrem Herrn vereinigt. Welche Schätze hob er doch aus diesem Buch! Wie vermochte er es, die feiernde Gemeinde mit sich zu ziehen, Stufe um Stufe höher, Grad um Grad weiter in die Gegenwart Gottes! Ja, das war jedesmal eine Tischgemeinschaft vor Gott, wie sie vom Herrn gefordert und von den Aposteln geübt worden ist!

Man hatte ein fein ausgedachtes Kartensystem, das auch zu gleicher Zeit großen Wert für die Seelsorge hatte. Jedes Mitglied bekam nämlich eine bestimmte Anzahl dieser Karten; es legte bei jeder Feier eine derselben auf einen herumgereichten Teller und war damit legitimiert. Später prüften die Diakone diese Karten und stellten die Abwesenheit der Säumigen, Kranken oder Verzogenen fest. Da mußte also irgend etwas nicht in Ordnung sein und folglich die Seelsorge einsetzen.«

Kritik gab es auch nach der Einweihung des Gotteshauses noch. Man erfand allerhand Namen für das Tabernakel: ein Monstrum, ein Ungeheuer, ein Zeichen der Überheblichkeit, mit dem man nur alle Welt in Staunen versetzen wolle. Wer sollte denn in diesem Ungeheuer an jedem Sonntag drei Gottesdienste halten? Das wäre ja Mord an dem Geistlichen. Vor allem bewegte sie die angeblich »größenwahnsinnige Idee«, einen Raum mit sechstausend Sitzplätzen Sonntag für Sonntag, jahrein, jahraus mit Besuchern füllen zu wollen. Nein, dieser Bau sei eine Versuchung Gottes, denn wo gab es je eine Gemeinde, die sechstausend Plätze für einen Gottesdienst brauchte?

Man hatte offenbar die ersten Kapitel der Apostelgeschichte übersehen, in denen es heißt, daß sich Tausende bekehrten und *täglich* durch den Herrn neue Glieder zur Gemeinde von Jerusalem hinzugetan wurden. In derselben Weise sollte es die Gemeinde von London erleben. Außergewöhnliche Erweckungszeiten machen außergewöhnliche Maßnahmen erforderlich. So wurde das System der Platzmiete und der Möglichkeit, Platzkarten zu erwerben, Anlaß zur Kritik. Man folgerte daraus, daß sich Spurgeon auf diese Weise unverschämt bereichern und bald in einer Staatskarosse durch London fahren würde.

Spurgeon aber hatte eine klare Buchführung, die jederzeit nachgeprüft werden konnte. Aus allen Einnahmen wurden zunächst die Unkosten für Heizung, Licht, Reinigung und Renovierung des Hauses gedeckt. Überschüsse verwandte man für das Predigerseminar sowie die Waisen- und Armenhäuser der Gemeinde.

Waren diese Platzkarten nun nicht eine Einschränkung für fremde Besucher? Ganz gewiß, aber Spurgeon organisierte alles so, daß auch Außenstehende zu den allgemeinen Gottesdiensten Einlaß fanden. Die Mitglieder selbst wären sicher ohne diese gute Organisation oft unverrichteter Dinge am Sonntag nach Hause gegangen, da der Andrang von Fremden stets sehr groß war. So erwies sich die Vermietung von Plätzen als sehr angebracht. Außerdem wurden die Mitglieder der Gemeinde gebeten, einmal im Vierteljahr an einem Nachmittag nicht zu erscheinen, um Freunden die Gelegenheit zum Gottesdienstbesuch zu geben. Darüber hinaus sollten die Platzmieter ihre Karte dann an Interessierte weitergeben, wenn sie den Eindruck hatten, daß ein Außenstehender dem Evangelium aufgeschlossen und einer Entscheidung für Jesus nahe war. Eine weitere Möglichkeit, zu einem Platz zu kommen, bestand darin, fünf Minuten vor Beginn des Gottesdienstes die nicht eingenommenen reservierten Plätze zu erhalten, die dann vergeben wurden, denn sonntäglich gab es immer eine lange Reihe von Wartenden, die Einlaß begehrten.

Gewiß, das ist wohl der Wunschtraum aller Pastoren und Evangelisten unserer Tage. Wann, o Herr, wird sich wieder ein solcher Hunger nach Deinem Wort zeigen?

Am 20. April 1898, also fast sechs Jahre nach Spurgeons Tod, wurde dieses gewaltige Gotteshaus durch Feuer vernichtet. Thomas Spurgeon, der Nachfolger seines Vaters, ließ das Gebäude gemäß den alten Plänen und unter großem Kostenaufwand erneut aufbauen. Am 19. September 1900 konnte es wieder eröffnet werden.

Die alte Kapelle in der Neuen-Park-Straße übernahm ein junger Prediger, der seine ganze Kraft einsetzte, um auch dieses Gotteshaus mit Besuchern zu füllen. Doch wanderten die meisten Mitglieder nach kurzer Zeit in die Hauptgemeinde zu Spurgeon ab, so daß man sich entschloß, die alte Kapelle zu verkaufen.

Das Predigerseminar

»Der Herr gab die einen als Apostel, die anderen als Propheten, wieder andere als Evangelisten oder als Hirten und Lehrer. Sie sollen alle dazu beitragen, daß die Heiligen zur Ausübung ihres Dienstes zubereitet werden und dadurch der Leib Christi gebaut werde« (Eph. 4, 11–12a, Bruns).

Spurgeon besaß nicht nur die Fähigkeiten eines hervorragenden Evangelisten sowie eines segensreichen Hirten, der einer Gemeinde vorzustehen weiß, sondern hatte auch die Begabung zu einem ausgezeichneten geistlichen Lehrer. Er erkannte wie seinerzeit der Apostel Paulus die große Notwendigkeit, brauchbare Schüler für den Dienst am Evangelium durch eine gewissenhafte Ausbildung heranzubilden. Bei dieser Aufgabe kam ihm natürlich seine eigene Ausbildung zum allgemeinen Schuldienst sehr zustatten. Schon als Student der Pädagogik hatte er ja in seinem jugendlichen Alter bereits eine Schule für Pensionäre gegründet, eine Art von Volkshochschule, in der die Fächer Algebra, Geometrie, Geschichte des Altertums, Neue Geschichte, Biologie, Astronomie, Latein, Französisch und Zeichnen gelehrt wurden. Mitte des vorigen Jahrhunderts gab es nur die allgemeinen Volksschulen und dann die bekannten Universitäten. Für eine Weiterbildung des geistig unterentwickelten Volkes wurde nichts getan. Was Spurgeon hier aus eigener Initiative begonnen hatte, wurde acht Jahre später auch vom Staat weiterentwickelt. Spurgeon war also nicht nur im Geistlichen, sondern auch auf geistig-sozialem Gebiet als richtungweisender Pionier mit organisatorischem Talent tätig.

Natürlich konnte er mit den in Cambridge festgelegten Fächern bei der Londoner Arbeiterbevölkerung nicht weiterarbeiten. Um so gründlicher aber wollte er dem einfachen Volk die Anfangsbegriffe der Wissenschaften nahebringen. Deshalb wurden die unteren Räume des Tabernakel für diesen Zweck zur Verfügung gestellt. Der Unterricht konnte kostenlos erteilt werden. Aus allen Gegenden der Weltstadt London kamen die Lernbegierigen herbei. Man gewann für den Unterricht zunächst Volksschullehrer, die dann in dieser »freikirchlichen Abendschule« den Menschen aus dem einfachen Volk die nötigen Grundbegriffe des allgemeinen Wissens vermittelten. Im Jahre 1899 übernahm die staatliche Schulbehörde diese segensreiche Einrichtung. Spurgeon als ihr Gründer war bereits in die Ewigkeit abberufen. Seine eigene Schule hatte vierzig Jahre im großen Segen bestanden. Was für die Allgemeinbildung dringend notwendig erschien, wandte er ebenso bei der geistlichen Ausbildung der ihm anvertrauten jungen Menschen an. Es galt für ihn, Lehrer und Schüler zur Ausbildung zum geistlichen Dienst zu finden. Durch einen flammenden Aufruf in einer Predigt erhielt Spurgeon seinen »Timotheus«. Er sprach über den Text: »*Denn daß ich das Evangelium predige, darf ich mich nicht rühmen, denn ich muß es tun. Und wehe mir, wenn ich das Evangelium nicht predige!*« *(1. Kor. 9, 16).* »Ich kann es mir nicht denken«, rief Spurgeon seinen Zuhörern zu, »daß in einer Versammlung von zweitausend Menschen nicht einer sein sollte, der die Heilsbotschaft von Jesus Christus nicht auch predigen könnte. Schlage doch einmal jeder an seine Brust und frage sich: Bin ich's, Herr? Wenn dann die Stimme in deinem Innern mit ›Ja‹ antwortet, so sage freudig im Herzen: Hier bin ich, Herr, sende mich!«

Unter den Zuhörern saß an diesem Tag ein junger Mann namens Thomas William Medhurst. Er wurde von dem Wort getroffen und ging als erster Student in des »Pastors College«. Später wurde er ein gesegneter Bote Gottes.

Schon bald folgten weitere Bewerber, die in »Pastors College« eine geistliche Ausbildung wünschten. Die Anzahl der Studenten an dieser Bibelschule wuchs ständig. Man kann den Namen der Schule »Pastors College« auch mit »des Predigers Seminar« oder einfach »Predigerseminar« übersetzen. Wir können die geistliche Entwicklung dieser Ausbildungsstätte ebenfalls in dieser Reihenfolge sehen, denn aus dem Seminar des bekannten Pastors Spurgeon wurde dann ein allgemeines Predigerseminar.

Anfangs übernahm Spurgeon als Gründer und Direktor dieser Schule sowohl die geistliche Ausbildung der Studenten als auch die Beschaffung der finanziellen Mittel. Später jedoch übergab er die Schulleitung dem Baptistenprediger C. H. Hosken aus Crayford/Kent. Ihm folgte als Leiter des College George Rogers, der zuvor Prediger in Camberwell gewesen war.

Die theologische Ausbildung hatte zum Ziel, berufenen Männern durch intensives Bibelstudium die geistliche Grundlage zum Predigt- und Seelsorgedienst zu vermitteln. Spurgeon bereitete die jungen Menschen für den Dienst am Evangelium in der Weise vor, daß sie mit geheiligter Natürlichkeit und ebenso natürlicher Heiligkeit im Leben standen und nicht weltfremd oder steril wirkten, wie in einem »Predigertreibhaus« gezüchtet und aufgezogen. Sie sollten von dem brennenden Wunsch geleitet sein, Menschen vor dem Abgrund zur Hölle zu retten, nachdem sie selbst Christus erlebt hatten und es lernen, diesen erlebten Christus unter Ausnutzung aller zur Verfügung stehenden Mittel dem unerretteten Sünder nahezubringen. Durch diese Ausbildungsstätte konnte ihnen nicht etwa eine angenehme Pastorenstelle im Sinne einer zuverlässigen Versorgungsquelle verschafft werden, sondern sie sollten »als durch den Heiligen Geist getriebene Menschen« ihren geistlichen Dienst ausüben.

Spurgeon schildert die Gründe, die ihn dazu bewogen, ein Predigerseminar ins Leben zu rufen, in folgenden Worten: »Zu der Zeit schien mir keins der Colleges geeignet für die Männer, die Gott mir zuführte. Sie waren zum großen Teil arm, und mit dem Besuch der meisten Schulen waren bedeutende Auslagen verbunden, weil auch da, wo der Unterricht unentgeltlich erteilt wurde, die Ausgaben für Bücher, Kleider und so weiter alljährlich eine Menge von Kosten verursachten. Überdies muß ich offen gestehen, daß meine Ansichten in bezug auf das Evangelium und die Weise, Prediger auszubilden, eigenartig waren und es noch sind.

Ich bin vielleicht in meinem Urteil etwas lieblos gewesen, hielt jedoch den Calvinismus in der Theologie, wie er gewöhnlich gelehrt wird, für sehr zweifelhaft. Der geistliche Eifer dieser Studenten stand im großen und ganzen weit hinter ihren erlangten Kenntnissen zurück. Es schien mir, daß Prediger der alten herrlichen Wahrheiten des Evangeliums, die die Massen erreichen konnten, eher in einem Seminar gefunden würden, in dem Predigt und Gottesgelehrsamkeit die Hauptsache sind. Ohne mich um die lobenswerten Zwecke anderer Bildungsanstalten zu kümmern, fühlte ich, daß es besser sei, meinen eigenen Weg zu gehen. Diese und andere Erwägungen veranlaßten mich, einige erprobte junge Männer einem tüchtigen Prediger zu übergeben, damit er sie in der Schrift und in

ring, daß er kaum in Betracht gezogen werden konnte. Als ich bis auf das letzte Pfund alles ausgegeben hatte, kam von einer Bank in der Innenstadt ein Brief mit der Nachricht, eine Dame, deren Namen ich nie erfahren konnte, habe mir die Summe von 200 Pfund gespendet, um sie zur Ausbildung junger Leute zum Predigtamt zu benutzen. Wie hüpfte mein Herz vor Freude! Von da an habe ich stets all meine Sorgen auf den Herrn geworfen, den ich durch dieses Werk allein verherrlichen wollte. Einige Wochen später kamen von derselben Bank nochmals hundert Pfund und zwar, wie mir gesagt wurde, diesmal von einer anderen Person.

Bald darauf veranstaltete ein Freund alljährlich ein Abendessen für Freunde des Colleges. Bei dieser Gelegenheit wurden von Jahr zu Jahr beträchtliche Summen gespendet. Ein Abendessen wurde von meinen freigebigen Verlegern, Paßmore und Alabaster, zur Feier der Herausgabe meiner 500. Predigt veranstaltet. Dabei wurden 500 Pfund Sterling erhoben und dem Fonds für das College hinzugetan. Dieses nahm inzwischen von Monat zu Monat so zu, daß innerhalb kurzer Zeit die Zahl der Studenten von einem auf vierzig gestiegen war. Bekannte und unbekannte Freunde von nah und fern fühlten sich gedrungen, mir kleinere und größere Gaben zu senden, so daß sich mit den steigenden Bedürfnissen auch die Mittel vermehrten. Ein anderer ernster Diakon in der Gemeinde nahm als sein besonderes Werk die Sache der wöchentlichen Opfer in die Hand, und das College wurde einstimmig von meiner Gemeinde als ihr eigenes Kind adoptiert. Seitdem sind die wöchentlichen Opfer eine feste Einnahmequelle geworden; im Jahre 1869 hatte der Ertrag genau die Summe von 1869 Pfund erreicht.

Sorgen um die nötigen Geldmittel haben aber im allgemeinen nur einen geringen Teil unserer Sorgen ausgemacht; viel mehr hat mich persönlich die Wahl der Kandidaten in Anspruch genommen. Es meldete sich immer eine große Zahl. Es fehlte also nicht an Auswahl; es ist aber eine schwere Verantwortung, jemand abzuweisen, und eine noch schwerere, jemand anzunehmen. Waren Fehlgriffe gemacht worden, so wurde mir eine zweite Last aufgelegt, nämlich die, die als ungeeignet erschienen, zu entlassen. Auch bei der sorgfältigsten Prüfung und allem Beistand von Lehrern und Freunden kann im voraus von keinem gesagt werden, daß er sich so entwikkeln wird, wie man geglaubt und gehofft hat. Ein Bruder mag als ge-

anderen zum Verständnis und Verkündigen der Wahrheit erforderlichen Wissenschaften unterweise. Dieser Schritt schien zwar einfach zu sein. Wie aber das Werk geleitet und unterstützt werden sollte, das war die große Frage, die jedoch gelöst wurde, fast ehe sie auftauchte.

Zwei Freunde, die beiden Diakone Windsor und W. Olney, sagten mir ihre Unterstützung zu; dadurch und mit dem, was ich selbst geben konnte, war ich imstande, einen Studenten zu nehmen, und sah mich nun nach einem Lehrer um. Gott gab uns George Rogers, damals Prediger in Camberwell – den besten, geeignetsten Mann. Er hatte sich auf eine solche Arbeit vorbereitet und schaute sehnsuchtsvoll nach einer entsprechenden Tätigkeit aus. Er ist ein Mann von puritanischem Gepräge, gelehrt, bibelgläubig, einsichtsvoll, witzig, fromm, ernst, weitherzig und von so kindlichem Glauben, wie es in seinem Alter eine seltene Erscheinung ist. Meine Verbindung mit ihm hat seither in ungestörtem Einverständnis und ungetrübter Freude bestanden. Wir sind durch herzliche Liebe miteinander verbunden, sind ein Herz und eine Seele, und – was nicht minder wichtig ist – er hat sich stets nicht nur die Achtung, sondern auch die kindliche Liebe eines jeden Studenten zu gewinnen gewußt. Zu diesem beliebten Mann wurden die ersten Studenten geführt und wohnten auch eine Zeitlang als Familienglieder in seinem Hause.

Ermutigt durch die Leichtigkeit, mit der die jungen Leute einen Wirkungskreis fanden, sowie durch ihren besonderen Erfolg im Gewinnen von Seelen, vergrößerte ich ihre Zahl, aber alle Mittel zu ihrem Unterhalt bezahlte ich aus meiner eigenen Tasche. Ich bezahlte, soviel ich konnte, von meinem Einkommen und war entschlossen, alles, was ich hatte, zu verwenden und dann das Versiegen meiner Hilfsquelle als eine mir vom Herrn gegebene Weisung anzusehen, das Werk aufzugeben. Denn es ist meine feste Überzeugung, daß man unter keinem Vorwand Schulden machen darf. Bei einer Gelegenheit hatte ich die Absicht, Pferd und Wagen zu verkaufen, obgleich mir wegen meiner vielen Predigtreisen diese eigentlich unentbehrlich waren. Davon aber wollte mein Freund Rogers nichts hören; lieber wollte er Verluste erleiden, als dies zuzulassen. Ich sprach mit meinen Leuten über meine Verlegenheit, und wir führten ein wöchentliches Opfer ein. Der Ertrag aber war so ge-

Das Geburtshaus Spurgeons in Kelvedon/Essex.

Spurgeon verbrachte hier, in diesem Haus in Stambourne, bei seinen Großeltern viel
Zeit seines jungen Lebens. Sein Großvater war hier Pastor.

Spurgeon wurde mit 17 Jahren Prediger in dieser Kapelle von Waterbeach.

Susanne Spurgeon, geb. Thompson, die Frau des berühmten Gottesmannes.

John Spurgeon, der Vater (1810–1902).

Eliza, geb. Belchamp, die Mutter (1815–1888).

Das Metropolitan Tabernacle von innen (Kupferstich). Es bot Platz für etwa 5000 Menschen und war Ort von Spurgeons sonntäglichen Predigten.

Die Surrey Gardens Music Hall, eine weitere Predigtstätte Spurgeons.

Bissige Karikaturen erschienen in englischen Zeitungen. Sie erreichten allerdings das
Gegenteil von dem was sie ausrichten sollten.

Das Taufbecken im neuen Tabernacle.

Das Tabernacle nach dem Wiederaufbau.

Der alte Schaffner. Eine zeitgenössische Karikatur in einer englischen Zeitung.

Der neue Schaffner. Der Schaffner eines Pferdeomnibusses rief die Station für die
Fahrgäste folgendermaßen aus: »Über die Themse zu Charlie – zu Charlies
Versammlung!«

legentlicher Prediger sehr nützlich sein, sich als fleißiger Student auszeichnen und anfangs in seinem Amt Erfolg haben, dennoch aber, wenn er in Fällen der Seelsorge Proben zu bestehen hatte, sich wenig geeignet zeigen. Wir haben verhältnismäßig wenig Schüler gehabt, die uns Kummer bereiteten; es sind aber doch Fälle vorgekommen, die uns mit tiefem Schmerz erfüllten. Ich danke Gott von Herzen, daß er aus unserem College manchen frommen, gründlichen und selbstverleugnenden Prediger hervorgehen ließ, und bitte, daß er so fortfahren möge; aber es wäre ja mehr als ein Wunder, wenn alle vortrefflich wären.«

Ein junger Mann, der bei einem Rechtsanwalt tätig gewesen war und auch bereits an anderen Lehrstellen versagt hatte, meinte daraus den Willen Gottes zu erkennen, daß er eben zum höheren Dienst berufen sei. Er war davon überzeugt, daß Gott ihm alle Türen in irdischen Berufen verschlossen habe, um ihn dadurch an die Tür des Seminars zu führen. Spurgeon war anderer Ansicht und sagte ihm: »Wenn Sie es als Sekretär, als Kaufmann oder Handwerker zu nichts gebracht haben, werden Sie es auch ganz gewiß nicht als Prediger zu etwas Tüchtigem bringen!«

Entgegen den Vorstellungen anderer theologischer Seminare wurden die Studenten gewöhnlich zu zweit oder zu dritt bei Freunden der Gemeinde für ein angemessenes Kostgeld möglichst in der Nähe des Tabernakels untergebracht. Spurgeon war der Ansicht, daß diese Jugendlichen in den Familien die Verhältnisse des praktischen Lebens mit seinen Problemen, Spannungen und Kämpfen am besten kennenlernen würden.

Frank White, einer der Studenten, schrieb später über seine Aufnahme im Predigerseminar: »Ich weiß nicht mehr von meiner ersten Unterredung mit dem Präses, als daß er nach meiner Bitte um Aufnahme und nach meiner kurzen Vorstellung sagte: ›Ja, solche Leute wie Sie brauchen wir. Am nächsten Sonntag müssen Sie in der Paradieskapelle beginnen.‹« Alle Studenten wurden neben ihrem Studium an den Sonntagen hinaus aufs Land geschickt, um sich in der praktischen Gemeindearbeit bewähren zu können. So kamen sie in die abgelegensten Dörfer, sangen Evangeliumslieder, verteilten Traktate und gaben, so gut sie es konnten, ihr Zeugnis.

Frank White berichtet weiter: »Als ich zur Paradieskapelle kam, hatte ich eine Versammlung von achtzehn Personen vor mir; als ich die Gemeinde später verlassen mußte, wiesen die Brüder nach, daß ich achthundert Menschen getauft hatte.«

Das Studium im Predigerseminar dauerte in der Regel zwei bis drei Jahre. Hatte der Student eine ungenügende Volksschulausbildung, so wurde das Studium auf vier Jahre erweitert. Eine feste Studienordnung gab es nicht. Das Lehrpersonal wurde oftmals durch seltsame Führungen des Herrn in das College geleitet. So fühlte sich ein David Gracey berufen, an dieser neuen Bibelschule zu lehren. Spurgeon führte ihn in der Bibelschule mit folgenden Worten ein: »Hier ist ein junger Mann, der mehr weiß als wir alle zusammen. Aber er bittet mich um Aufnahme ins Seminar, weil die Universität Glasgow, wo er studiert hat, ihn innerlich ganz kalt und unbefriedigt ließ.«

Spurgeon nannte ihn später den »Professor der Knopflochtheologie«, weil er quasi jeden persönlich am Knopfloch heranzog und ihn so zu Jesus führte.

Professor A. Fergusson und Professor W. Selwey waren die beiden anderen Dozenten. Diese vier Männer erteilten den gesamten Unterricht.

An einem Nachmittag jeder Woche waren die Studenten persönliche Gäste der Familie Spurgeon. Meistens gingen sie mit ihrem Meister in dessen Garten spazieren und durften dabei alle sie bewegenden Fragen stellen. Auch heikle Themen wurden dabei behandelt. Spurgeon verstand es, die größten Schwierigkeiten in biblischer und lebensnaher Weise zu lösen.

Seine scharfe Beobachtungsgabe, auch für die manchen so klein und unwichtig erscheinenden Dinge des Lebens, sowie sein unorthodoxer Verkündigungsstil prägten verständlicherweise den Unterricht. Bis in unsere Zeit hinein, das heißt etwa hundert Jahre später, schöpfen angehende Prediger aus seinem Buch »Ratschläge für Prediger«, weil diese Ratschläge mitten aus dem Leben eines Gemeindehirten und Predigers kommen.

Eine Aufstellung der in diesem Buch geschilderten Themen zeigt uns, daß diese Abhandlungen auch heute noch ihre Berechtigung und ihren vollen Wert haben und keineswegs veraltet sind: »Des

Predigers Gebet im Kämmerlein« – »Wachsamkeit« – »Der Ruf zum geistlichen Amt« – »Über geistliche Deutung« – »Der Stoff der Predigt« – »Das öffentliche Gebet« – »Das Reden aus dem Stegreif« – »Die Stimme« – »Der Heilige Geist und unser Amt« – »Die Predigt im Freien« – »Entschiedenheit tut not« – »Über Haltung und Gebärde« – »Was ist der Zweck und das Ziel unserer Predigt?« – »Über Ernst und Eifer im geistlichen Amt« – und anderes mehr.

Vierzehn Jahre lang war das Predigerseminar in den unteren Räumen des Tabernakels und einem danebenstehenden Haus untergebracht. Als diese Räume zu eng wurden, war man gezwungen, ein neues Gebäude zu errichten. Hierzu schreibt Spurgeon:

»Das neue Gebäude ist ziemlich im Hintergrund gelegen, grenzt aber an das Eigentum des Tabernakels. Es enthält zwei schöne Säle, ausgezeichnete Klassenzimmer, eine prächtige Bibliothek und alles, was zu einer solchen Bildungsanstalt erforderlich ist. Das Gebäude kostete, vollständig eingerichtet, 15000 Pfund Sterling, eine Summe, die sofort nach seiner Herstellung bezahlt wurde. Die Weise, in der das Geld zusammenkam, war ein neuer Beweis von der Güte Gottes, 3000 Pfund wurden zur Erinnerung an einen lieben heimgegangenen Gatten geschenkt, 2000 Pfund gingen als Legat für das College von einem Leser der Predigten ein. Die Prediger, die früher unsere Studenten gewesen waren, kamen uns in fürstlicher Weise zu Hilfe. Die Opfer, die von Freunden des Tabernakels gebracht wurden, wenn an bestimmten Tagen alle Freunde und Gönner des Predigers als Gäste ins College eingeladen waren, beliefen sich auf eine bedeutende Summe. Gott erhörte unsere Gebete so, daß Gold und Silber vorhanden waren, wenn man dessen bedurfte. Wie erhebt meine Seele den Herrn und preiset seinen Namen!«

Der ewige Segen, die sichtbare und unsichtbare Frucht, die durch die in dieser Bibelschule ausgebildeten jungen Leute in alle Welt getragen wurde, kann nicht in Worten beschrieben werden. Die meisten Bibelschüler blieben als Prediger in England, wo sie Tausenden zum Segen wurden, andere gingen nach Schottland, Irland oder Wales. Darüber hinaus waren es viele, die als Missionare in die Welt ausgesandt wurden, zum Beispiel nach Indien, China, Südamerika, Westindien, Spanien, Frankreich, Nord- und Südafrika. Weitere vierzig Prediger und Evangelisten wirkten in den USA und Canada, einige kamen sogar nach Australien und Neuseeland. Auch die beiden Zwillingssöhne von Spurgeon wurden bewährte Diener Gottes, wovon einer der beiden der Gemeinde in Greenwich vorstand, der andere jedoch als Prediger und Evangelist nach Neuseeland ging und dort seine Dienste im großen Segen tat.

Alljährlich hielt Spurgeon im Predigerseminar eine Glaubenskonferenz ab. Dazu kamen aus aller Welt, das heißt aus allen evangelikalen Kirchen, Freikirchen und Gemeinschaften die Reichgottesarbeiter zusammen, um von dem »Fürsten der Prediger« eine göttliche Wegweisung zur Verbreitung des Evangeliums zu erhalten. Das Band der Liebe Christi umschloß in solchen Tagen alle Mitarbeiter. Monatelang im voraus freute man sich schon auf die kommende Jahresansprache Spurgeons. Im Jahre 1891 predigte er zum letztenmal vor den angereisten Konferenzteilnehmern. Seine Botschaft lautete: »Der größte Kampf in dieser Welt.«

Der Schriftsteller

Spurgeon war nicht nur ein genialer Verkündiger des Evangeliums. Schon sehr früh erkannte er die große Möglichkeit in der Verbreitung des gedruckten Wortes. Seine gedruckten Predigten und Vorträge werden noch heute als Raritäten in den Antiquariaten vieler Länder mit großem Eifer gesucht. Schon als junger Prediger in Waterbeach machte er es sich zur Aufgabe, mit Hilfe von Traktaten die Außenstehenden mit dem Evangelium bekannt zu machen. Damals gab er die sogenannten »Waterbeach-Traktate« heraus. Diese ersten, zaghaften Versuche waren der Beginn einer frischen Quelle, die bald zu einem gewaltigen Strom geistlichen Lesematerials anschwoll und sich noch heute in vielen Sprachen der Welt ergießt. Bereits die ersten Traktate bewirkten einen durchschlagenden Erfolg. Deshalb konnte der Herausgeber ein Jahr später die Schriftenmission mit der Herausgabe von sogenannten »Groschenpredigten« erweitern. Diese Idee stammte allerdings nicht von Spurgeon, sondern von anderen Pastoren, die solche schon mehrfach herausgegeben hatten. In den meisten Fällen versiegte jedoch der Strom eines Tages entweder dadurch, daß der Verfasser in die himmlische Heimat abberufen wurde oder die Nachfrage einfach zu gering war.

Spurgeon besaß die unvergleichlich großartige Begabung, dem Leser das Evangelium in volkstümlicher und bildhafter Sprache nahezubringen. Mit seiner ersten Predigt: »*Ich, der Herr, wandle mich nicht« (Mal. 3, 6),* die er am 20. August 1854 gehalten hatte, begann gleichzeitig die Verbreitung seiner gedruckten Predigten. Im Laufe der folgenden Jahre sind dann dreiundsechzig Predigtbände herausgegeben worden. Nach dem Tode des berühmten Predigers konnte man noch jahrelang unveröffentlichte Predigten drucken lassen, da Spurgeon in jeder Woche dreimal gepredigt, aber nur je eine Predigt pro Woche herausgegeben hatte. Insgesamt sind 3563 Predigten schriftlich verbreitet worden, wovon die letzte am 10. Mai 1917, also 25 Jahre nach seinem Tode, erschien.

Wie konnte wohl ein Mensch jahrein, jahraus in diesem Umfang seine geistlichen Schriften veröffentlichen, ohne sich zu wiederholen?

Spurgeon hatte sich zur Aufgabe gemacht, über alle Kapitel und Bücher in der Heiligen Schrift zu predigen. Manche Verse behandelte er sogar mehrere Male, und zwar jedesmal von einem anderen Gesichtspunkt aus. In seiner Studienbibel notierte er sich stets sorgfältig die Daten, wann er über welchen Text gesprochen hatte. Damit stand er unter einer genauen Selbstkontrolle und war außerdem gewiß, über alle Aussagen in der Bibel wenigstens einmal gepredigt zu haben.

Wer nun meint, 3563 gedruckte Predigten seien das gesamte Lebenswerk des Schriftstellers C. H. Spurgeon, der irrt sich sehr. Im Jahre 1865 gründete er eine Zeitschrift unter dem Titel »Schwert und Kelle«. Als Schriftleiter konnte er in diesem Blatt ganz uneingeschränkt seine Erkenntnisse über Gottes Wort und seinen Glauben daran zum Ausdruck bringen. Er begann zunächst mit der Auslegung der Psalmen. Diese Abhandlungen bildeten das Fundament zum späteren Psalmenkommentar, dem noch heute bekannten und neu verlegten Werk »Die Schatzkammer Davids«. An dieser umfangreichen Auslegung arbeitete er zwanzig Jahre lang, und es entstanden sieben Bände darüber. Für diese umfassende schriftstellerische Arbeit standen Spurgeon treue Mitarbeiter zur Seite, die mit wahrem Bienenfleiß alles aus den großen Bibliotheken zusammentrugen, was zur Auslegung der Psalmen von Wert war. Wie gewissenhaft seine beiden Sekretäre arbeiteten, zeigt die Größe des fertigen Werkes, zum Beispiel die Auslegung des 119. Psalmes, die einen ganzen Band allein für sich in Anspruch nahm.

Zunächst war Spurgeon davon überzeugt, er werde nur zweitausend Exemplare davon verkaufen können. Er ahnte nicht, daß 140000 Exemplare in kürzester Zeit in England verlangt werden sollten. Er hatte es meisterhaft verstanden, die Leser aus den verschiedensten Volks- und Bildungsschichten mit seinen Ausführungen anzusprechen. Seine Reden in der Schriftreihe »Hinter dem Pflug« wirkten dieser »Schatzkammer Davids« gegenüber geradezu ungehobelt und plump, denn darin ließ er seinen ganzen urwüchsigen Humor zur Entfaltung kommen. In einer derben Sprache behandelte er allerlei Unsitten und Mißbräuche des Volkes. Da diese Artikel nicht unter seinem Namen erschienen, war man lange Zeit davon überzeugt, daß ein Mitarbeiter Spurgeons diese Abhandlungen in solch »unwürdiger« Ausdrucksweise produzierte. So kam es eines Tages zu einem seltsamen Gespräch zwischen Spurgeon und einem seiner Verehrer:»Herr Spurgeon, solche Artikel gehören doch nicht in ein Blatt wie»Schwert und Kelle«.

»Nun, ich finde, daß sie frisch geschrieben sind und eine Menge wertvolle Belehrung enthalten. Warum sollten sie nicht in ›Schwert und Kelle‹ erscheinen?« fragte Spurgeon.

»Ach«, klagte der Kritiker,»diese Artikel sind für ungebildete Leute, wie der Verfasser es wahrscheinlich auch ist, aber für ›Schwert und Kelle‹ ist diese Art zu massiv, zu derb.«

»So, meinen Sie?« sagte Spurgeon, drehte sich lächelnd um und ging davon.

Diesem Herrn fuhr kein geringer Schreck in die Glieder, als er eines Tages erfuhr, wer dieser»Hans Pflüger« mit seiner Fuhrmannssprache wirklich war.

Von den»Reden hinter dem Pflug« wurden sehr schnell 600 000 Exemplare vertrieben. Spurgeons journalistische Arbeiten sind so umfangreich, daß es fast unmöglich erscheint, Inhaltsangaben über die vielen Werke zu machen. Deshalb sollen hier nur einige der bekannten Werke des Schriftstellers genannt werden:»Tauperlen und Goldstrahlen«, tägliche Morgen- und Abendandachten für stille Sammlung –»Kleinode göttlicher Verheißungen« oder»Scheckbuch der Glaubensbank« –»Ein Born des Heils für Vereinsamte« –»Reden hinter dem Pflug« oder»Guter Rat für allerlei Leute« –»Sei stark in dem Herrn«, ein Buch für Jünglinge und Jungfrauen –»Der Dienst am Evangelium« –»Bilder und Gleichnisse« –»Die Schatzkammer Davids« –»Ganz aus Gnaden« –»Bis daß Er kommt«, Abendmahlsbetrachtungen –»An der Pforte«, ein Wort an Suchende über den Glauben an den Herrn Jesus Christus –»Die Wunder unseres Herrn und Heilandes« –»Predigtentwürfe oder 104 Auszüge aus Predigten« –»Das Evangelium des Reiches« –»Die Hauspostille« –»Alttestamentliche Bilder« –»Neutestamentliche Bilder« –»Die Gleichnisse unseres Herrn und Heilandes« –»Die sieben Wunder der Gnade« –»Hans Pflügers Bilder« –»Worte der Weisheit fürs tägliches Leben« u. a. m.

Spurgeon betrieb die christliche Schriftenmission mit heiligem Eifer in evangelistischer Hingabe. Er verstand es nicht nur, Artikel und Bücher zu schreiben, sondern sie auch unter das Volk zu bringen. Im August 1866 erschien in seiner Zeitschrift »Schwert und Kelle« der Artikel: »Der heilige Krieg in gegenwärtiger Stunde«, der sich mit der Strategie eines geistlichen Krieges und seiner Waffen befaßte. Er gründete einen Kolportageverein. Während einer Jahresversammlung dieses Vereins bat er einmal einen Kolporteur, mit seiner vollen Ausrüstung auf die Plattform zu kommen.

»Bitte, zeigen Sie doch den Leuten, wie man Bücher verkauft«, sagte Spurgeon.

Der Mann legte seine Tasche auf den Tisch und zog schnell ein Buch aus ihr hervor. Damit wandte er sich an Spurgeon mit folgenden Worten: »Sehr geehrter Herr Spurgeon! Ich habe hier ein Werk, das ich Ihnen bestens empfehlen kann. Ich habe es selbst gelesen und muß sagen, daß es mir großen Segen gebracht hat. Der Verfasser ist ein guter Freund von mir. Er hört immer so gern, wenn ein Kolporteur seine Bücher verkauft, denn er weiß, daß klares Evangelium darin enthalten ist. Der Titel heißt: ›Das Evangelium für allerlei Volk‹. Das Buch kostet nur einen geringen Betrag. Bitte sehen Sie es sich doch einmal an.«

Diese Demonstration wurde von den Versammelten mit schallendem Gelächter belohnt, da Spurgeon sein Portemonnaie zog und eines seiner eigenen Bücher mit den Worten kaufte: »Ja, so muß es gemacht werden! Und es will doch schon etwas heißen, wenn ein Verfasser sein eigenes Buch kauft!«

Bei allem geschäftlichen Eifer aber kannte Spurgeon nur ein Ziel, *Menschen für Jesus zu retten!*

Ein von Gott zugelassener Umstand erweiterte die schon enorm angewachsene Schriftenmission.

Frau Spurgeons Bücherfonds

»Eine tüchtige Frau, wer findet sie? Ihr Wert geht weit über Korallen hinaus. Das Herz ihres Gatten kann sich auf sie verlassen. Es wird ihm wahrlich an Gewinn nicht fehlen. Sie erweist ihm Gutes und nicht Böses während ihrer Lebenszeit . . . Sie überwacht alles Tun und Treiben im Hause und ißt nie das Brot des Müßiggangs. Ihre Söhne treten auf und preisen sie glücklich. Ihr Mann tritt hin und rühmt sie: ›Es gibt wohl viele Frauen, die Tüchtiges leisten, aber du übertriffst sie alle‹« (Sprüche 31, 10–12 und 27–30, Bruns). Spurgeon führte eine sehr glückliche Ehe. In Briefen an seine Frau überschüttete er sie mit Worten zärtlichster Art. Als am 20. September 1856 die Zwillingssöhne Thomas und Charles geboren wurden, begann ein neues Kapitel in Spurgeons Leben. Die Jungen verbreiteten im Predigerhaus viel Freude und Sonnenschein. Nachdem sie herangewachsen waren, reiste der Vater mit ihnen des öfteren ans Meer, um dort am Strand für sie ein Feuerwerk zu veranstalten.

Auch ihre Mutter versorgte die beiden mit großer Hingabe. Als sie zehn Jahre alt geworden waren, erkrankte Frau Spurgeon jedoch schwer, und ihr danach anhaltend schlechter Gesundheitszustand bedeutete für Spurgeon eine unbegreifliche Anfechtung. Elf Jahre hatte das Ehepaar glücklich miteinander gelebt. Frau Susi hatte ihren Mann in dieser relativ kurzen Zeit schon viel entbehren müssen, wenn er zu evangelistischen Reisediensten im Lande unterwegs war. Und nun erkrankte die Frau des Predigers in der Blüte ihres Lebens so schwer, daß sie viele Jahre hindurch vorwiegend im Bett zubringen mußte, wobei sie in den folgenden mehr als zwanzig Jahren oft dem Tode näher war als dem Leben. Doch der Herr über Leben und Tod erhielt ihre schwache Kraft von Jahr zu Jahr und gab der Leidgeprüften tagtäglich so viel Lebensmut, wie sie gerade nötig hatte. Über ihren Zustand hätte man die Worte setzen können, die der Apostel Paulus einst an die Korinther schrieb: *»Wir sind dem Tode nahe, und doch leben wir; wir werden gezüchtigt und werden doch nicht getötet; wir sind traurig, und doch freuen wir uns; wir sind arme Leute und machen doch viele reich . . .« (2. Kor. 6, 9–10, Bruns).* Die große Gemeinde vermißte die Frau des Gemeindehirten natürlich sehr, denn sie war von dieser Zeit an nicht mehr fähig, irgendeine Frauentätigkeit im Tabernakel zu erfüllen. Längere Zeit hindurch konnte sie nicht einmal die Gottesdienste besuchen. Obwohl ihr Mann als der vielbeschäftigte Bote Gottes anfänglich diese Zulassung nicht verstehen konnte, legte er doch schließlich diese Bürde am Kreuz nieder. So bedrückend sich diese familiäre Situation auch auf alle Betroffenen auswirkte, so sprach Spurgeon doch zu dieser Fügung Gottes sein: Ja, Herr!

Bald erwies sich diese zunächst unwillkommene Zwangslage als eine Möglichkeit, die Gott der Herr benutzte, um diese Frau dennoch vielen zum Segen werden zu lassen. Aus der großen Not erwuchs ganz still und allmählich eine segensreiche Aufgabe. Über ihrem Leben standen die Worte Gottes, die auch dem Apostel Paulus gegolten hatten: *»Laß dir an meiner Gnade genügen; denn meine Kraft ist in den Schwachen mächtig«* (2. Kor. 12, 9).

Frau Spurgeon erinnerte sich später, das Empfinden gehabt zu haben, durch Gottes Gnade und Güte an einem gewissen Meilenstein ihres Lebens angelangt zu sein. Sie selbst schrieb darüber:

»Im Sommer 1875 veröffentlichte mein Mann den ersten Band seiner ›Vorträge vor meinen Studenten‹. Das Buch zog mich so an, daß ich, als der Verfasser mich fragte: ›Nun, wie gefällt es dir?‹ von ganzem Herzen erwiderte: ›Ich wollte, ich könnte es jedem Prediger in England in die Hand geben!‹

›Warum willst du das nicht tun? Wieviel willst du dazu geben?‹ sagte mein sehr praktischer Gemahl. Nun kommt das Wunderbare bei der Sache: Das Geld lag bereit! Oben in einer kleinen Schublade waren einige sorgsam aufbewahrte alte Münzen, die ich in törichter Liebhaberei seit Jahren gesammelt hatte. Ich zählte sie jetzt nach und stellte fest, daß sie genau reichten, um hundert Exemplare des Buches zu kaufen. Wenn auch ein leises Bedauern bei der Trennung von meinen wertgehaltenen, aber schwerfälligen Lieblingen über mich kam, so war es doch im Augenblick verschwunden. Ich gab sie fröhlich und dankbar dem Herrn, und in diesem Augenblick wurde, obgleich ich es nicht wußte, der ›Buchfonds‹ gegründet.«

Von ihren kleinen Ersparnissen kaufte also Mrs. Spurgeon die ersten hundert Exemplare und versandte sie an Hilfsprediger und

Studenten der Theologie. Der Anfang zu einem sehr gesegneten »Bücherversanddienst« zur Versorgung armer Prediger mit geistlichem Schrifttum war gemacht. Diese Aufgabe konnte die nunmehr stets kranke Frau achtundzwanzig Jahre lang fortsetzen und vermittelte dadurch einen unbeschreiblich großen Segen. Aus diesem Bücherfonds gelangten bis zu ihrem Lebensende ca. 200 000 Bücher in die Hände von minderbemittelten Verkündigern des Evangeliums. Zu den verschenkten Büchern gehörten auch so wertvolle und begehrte Bände wie »Die Schatzkammer Davids«.

Als das Werk schon umfangreiche Formen angenommen hatte, bat Spurgeon seine Frau, den Beginn dieses schönen Dienstes schriftlich aufzuzeichnen. Da sie eine sehr bescheidene Frau war, die ihren eigenen Namen bei der Schilderung nicht übermäßig herausstellen wollte, schrieb sie den Bericht in der seltsam anmutenden »Uns-Form«. In erster Linie gab sie dem Vater im Himmel die Ehre, um danach dann auf den eigentlichen Verfasser dieser Bücher hinzuweisen. Im Anschluß daran bat sie ihren Mann, diesen Kommentar aber gehörig zu korrigieren.

Wie er darüber dachte, ist uns auch überliefert: In seiner originellen Weise schreibt er: »Als mir die geliebte Verfasserin mit großer Ehrfurcht vor unserer Tüchtigkeit als Herausgeber und mit großem Mißtrauen gegenüber ihrer eigenen Fähigkeit dieses Papier in die Hand gab, bat sie mich unter vielen Liebkosungen, es zu ändern und zu verbessern, damit es in ordentlicher Form dem Leser vorgelegt werden könne. Es ist uns nicht in den Sinn gekommen, den Bericht auch nur anzurühren; wir hätten ihn nicht verbessern können und wünschten es auch nicht. Jede Zeile, die der teuren Dulderin Schmerzen gekostet und ihr Freude gemacht hat, soll für sich selbst reden. Wir können und dürfen nichts daran ändern.«

Frau Spurgeons Bericht beginnt folgendermaßen: »Während des ganzen vergangenen Winters stand in der sonnigsten Ecke des südlichen Fensters unseres besonderen Heiligtums ein einfacher Blumentopf mit einem Pflänzlein, das wir für ein Wunder der Schönheit hielten. Vorigen Herbst hatten wir einige Zitronenkerne gepflanzt in der Hoffnung, dieser oder jener möchte den wunderbaren Lebenskeim besitzen – und unsere Hoffnung wurde nicht zuschanden. Nach einiger Zeit ließ sich ein schwaches Stämmchen mit zwei der zartesten Blättchen blicken, die je den Weg durch die dunkle Erde gefunden haben; und von diesem Augenblick an wurde das Pflänzchen bewacht, gegossen und unverdrossen gepflegt. Obgleich anfangs schwach und zart, daß sogar ein Tautropfen es überwältigt haben würde, ermannte es sich bald; das zarte Stämmchen wurde stärker, und es entfalteten sich an ihm neue und größere Blätter, bis die kleine Pflanze vollkommen dastand. Es war zwar etwas Geringes, bereitete aber große Freude. Und ob auch einige der jüngeren Familienglieder gelegentlich halb im Scherz die Frage äußerten, ob sich denn noch keine Zitronen zeigten, so pflegten wir unsere kleine Pflanze nur um so liebender und dankten Gott, der häufig mit unendlich zarter Liebe die Freuden seiner leidenden Kinder vermehrt und vertieft, indem Er ihrer täglichen Umgebung einen besonderen Reiz verleiht und durch ein Blatt, eine Blume oder den Gesang eines Vogels ihnen liebliche, tröstliche Gedanken ins Herz flüstert.

Aber diesen Winter hat uns unser himmlischer Vater eine bessere Pflanze in Pflege gegeben. Das Bäumchen des *Bücherfonds* hat einen nicht minder kleinen Anfang gehabt als die Zitronenpflanze, und wir sind der zuversichtlichen Hoffnung, daß es eine Schöpfung von der Hand des Herrn ist. Groß war die Freundlichkeit und Güte, die uns diese Pflanze in unser Krankenzimmer brachte und uns den liebenden Auftrag gab, sie zu hüten und zu pflegen. –

Mit welcher Freude wir diesen Auftrag übernahmen und wie glücklich uns diese Worte machten, ist nicht auszusprechen. Seitdem ist unter dem Schatten des Segens das Bäumchen rasch gewachsen, und wir dachten, es würde unsere Freunde interessieren, zu hören, wieviel und welcher Art die Frucht ist, die es trägt.

Anfangs beabsichtigten wir, nur hundert Exemplare von *Spurgeons »Ansprachen an meine Studenten«* zu verteilen. Wir erhielten aber von Freunden, die unsere Wünsche teilten, so viele freundliche Gaben, daß unsere Pläne bald hochstrebender wurden, und ohne die Verteilung der *Ansprachen* zu verringern, war es unser Wunsch, bedürftige Prediger mit den köstlichen Büchern: *Davids Schatzkammer, Predigten* u. a. zu versorgen. Die Erfüllung dieses Wunsches wurde uns vergönnt, ja, das Werk erweiterte sich täglich. Unaufgefordert wurden uns von verschiedenen Freunden 150 Pfund dazu gesandt, und obgleich unser lieber Herr Verfasser meint, es würde ihnen unlieb sein, ihre Namen veröffentlicht zu sehen, so stehen sie doch, falls er eines Tages seinen Sinn ändern sollte, ihm zu Diensten. Alle sind gewissenhaft aufgeschrieben. Wir führen auch genau Buch über Einnahmen und Ausgaben. Noch besser ist jedoch das Buch des Gedächtnisses des Herrn, und in ihm sind sicherlich die Namen derer verzeichnet, die seinen Arbeitern helfen.«

Bis zum Dezember 1875 hatte Frau Spurgeon folgende Bücher verteilt: 49 Werke, je vier Bände von »Davids Schatzkammer« und 124 einzelne Bände der »Schatzkammer« zur Vervollständigung, 167 Predigtbände an die, welche schon im Besitz der »Schatzkammer« waren, 100 Exemplare von Dr. Fish's »Handbuch der Erweckungen« und 4 Exemplare von »Der Übersetzer« sowie einige von Spurgeons kleineren Werken.

Wie sehr erwünscht diese unentgeltlichen Büchergeschenke bei Pastoren und Predigern aus Kirchen und Gemeinschaften waren, und wie hoch diese Gaben eingeschätzt wurden, können wir aus folgenden Auszügen von Dankesbriefen ersehen. Von Anfang an wurden diese Bücher nicht nur an Studenten des Seminars oder ausschließlich an Baptistenprediger versandt, sondern an alle bedürftigen Reichgottesarbeiter. Ein Pastor, dessen jährliches Einkommen 80 Pfund betrug, schrieb:»Ihre große Gabe ist heute morgen wohlbehalten in meine Hände gekommen. Ich vermag meinen Dank nicht mit Worten auszudrücken. Sie werden mir aber glauben, wenn ich Ihnen sage, daß die Gabe und die Weise, in der sie übersandt wurde, meine Gefühle so sehr überwältigten, daß ich in Freudentränen ausbrach.«

Ein anderer schrieb:»Ich bescheinige mit zehntausend Dankesbezeugungen den Empfang des köstlichen »*Treasury of David*«. Lange hatte ich mich nach diesen Bänden gesehnt, aber es war mir nicht möglich, sie zu erwerben. Ich kann Ihnen nicht sagen, mit welcher Freude ich sie empfangen habe.«

Noch ein weiterer teilte mit:»Mein jährliches Einkommen beträgt 60 Pfund. Ich habe Frau und Kinder. Sie werden also meine Gefühle beim Empfang der vier Bände von »The Treasury of David« verstehen können, wenn ich Ihnen sage, daß dies die einzigen neuen Bücher sind, die ich seit drei Jahren erhalten habe.«

Ein vierter schrieb: »Durch die Krankheit meiner lieben Gattin war ich in den letzten zwei Jahren nicht imstande, meinen sehr geringen Buchvorrat auch nur um ein einziges Buch zu vermehren. Daher wird jedes geschenkte Buch mit großem Dank angenommen. Möge der Herr noch viele Freunde erwecken, um es Ihnen zu ermöglichen, immer mehr armen Predigern zu helfen!«

Dies sind nur einige von vielen Briefen mit an Frau Spurgeon gerichteten Dankesbezeugungen. Sie drückte weiter ihre Freude an diesem gesegneten Dienst in folgenden Worten aus:

»Vielleicht gestattet es mir mein lieber Verfasser, für einige Augenblicke das formelle ›Wir‹ beiseite zu legen, um zu sagen, wie sehr ich persönlich den lieben Freunden, die mich mit Mitteln versehen haben, um andere beglücken zu können, zu Dank verpflichtet bin; für mich war der Segen ein doppelter. Habe ich doch beides, Empfängerin und Geberin, sein dürfen; und in einem Fall wie diesem ist es schwer zu sagen, was seliger ist: geben oder nehmen? Durch die mit dem Werke verbundenen Pflichten sind meine Tage unbeschreiblich erhellt und beglückt worden. Ich erhielt so viele Liebesgrüße und herzliche Wünsche und war von so ernsten, inbrünstigen Gebeten umgeben, daß ich das Gefühl hatte, in einer Segens- und Gebetsluft zu leben. Ich kann von Herzen mit dem Psalmisten sagen: ›Du schenkest mir voll ein.‹ So rufe ich heute mit einem Herzen voll Dankbarkeit gegen Gott und innigem Dank meinen lieben Freunden gegenüber allen ein herzliches Lebewohl zu.

Susi Spurgeon«

Worte der Ermutigung und großen Dankbarkeit finden wir auch im folgenden Schreiben: »Da ich gehört habe, daß Sie freundlichst arme Prediger mit Büchern versorgen, erlaube ich mir, Ihnen mitzuteilen, daß ich ordinierter Priester der Anglikanischen Kirche bin. Obwohl ich durch mein Alter verhindert bin, eine feste Stelle als Hilfsgeistlicher anzunehmen, bin ich doch mit 30 Pfund Gehalt in zwei Dörfern angestellt und habe am Sonntag für den Morgen- und Abendgottesdienst einen Weg von einiger Entfernung zu machen. Am zweiten Fastensonntag dieses Jahres (1881) las ich einen Text aus Jesaja 6, 1–8, der mich an die drei »da« des Rev. C. H. Spurgeon erinnerte und verwandte diese in der Morgenpredigt. Nachher fragte mich eine bei der Inneren Mission Tätige, was mich bewogen habe, einen so sonderbaren Text zu nehmen, und eine andere sagte, sie habe nie in ihrem Leben so etwas gehört. Die Mehrzahl der Leute hatte jedoch solchen Gefallen daran gefunden, daß während der neun Sonntage, die ich dort weilte, die Kirche jeden Nachmittag übervoll war.«

Auch aus den Kolonien kamen die gleichen Briefe der Dankbarkeit und Freude, wie wir sie vom Inland kennengelernt haben. »Ich brauche nicht zu sagen, wie die Bücher geschätzt werden«, so beginnt ein Schreiben aus Kanada, »sowohl um ihres inneren Wertes willen, sowie der Begeisterung wegen, die sie auslösen, und der Nahrung, die sie für Geist und Herz bieten; ebenso aber auch um des Verfassers willen, dessen teure, geliebte Gestalt ich jeden Tag vor meinem geistigen Auge sehe und dessen klangvolle Stimme ich die dreitausend Meilen weit über den Ozean zu hören glaube! Gott gebe, daß ich immer mehr von jenem hochherzigen, geweihten Enthusiasmus einsaugen möge, der wie ein frischer Morgenwind durch seine Schriften weht.«

Der Umfang dieses Liebeswerkes nahm von Jahr zu Jahr zu. In der Novemberausgabe der Monatsschrift »Schwert und Kelle« des Jahres 1879 berichtet Spurgeon über den Fortgang und die besondere Hilfe des Herrn bei dieser Aufgabe in Zeiten besonderer Bedrängnis, die neben allen anderen Anforderungen seiner verschiedenen Missionszweige auf ihn zukamen: »Das nicht weniger förderliche als nötige Werk, Prediger mit Büchern zu versehen, nimmt mit großer Regelmäßigkeit seinen Fortgang; eine ansehnliche Zahl Hilfsprediger, armer Geistlicher der Kirche Englands, sowie Prediger aller Kirchengemeinschaften bitten um die ›Schatzkammer Davids‹ und andere Werke. Könnten unsere Leser die Dankschreiben lesen, sie würden erkennen, wie scharf der Hunger nach Büchern an der Seele mancher Prediger des Wortes nagt. Wir haben in der letzten Zeit wenig von dem Werk geredet, das von meiner geliebten Frau getrieben wird. Neuerdings haben nur wenige Freunde an den Bücherfonds gedacht, trotzdem aber haben wir bis jetzt keinen Mangel gehabt. Der Fonds würde, wenn er eine Person wäre, sagen: ›Ich bin arm und dürftig, aber der Herr denkt an mich.‹ Merkt euch folgendes Geschehen. Möge der Herr durch diesen Bericht verherrlicht werden! Einer unserer Freunde, der sich stets als fürstlicher Geber erwiesen hat, sagte uns an dem Abend, an dem Herr Gough seinen Vortrag hielt, er werde am folgenden Tage in Nightingale Lane vorsprechen. Wohl wissend, daß er und wir vollauf zu tun hatten, waren wir, wie sehr wir uns auch stets über seinen Besuch freuten, fast entschlossen, die Anmeldung nicht anzunehmen. Er sagte aber, er werde kommen; und er kam. Der Zweck seines Besuches war, 100 Pfund für den Bücherfonds zu bringen. Doch nun, lieber Freund, paß auf! An demselben Sonnabend liefen Frau Spurgeons vierteljährliche Buchrechnungen ein, und hätte nicht jener Freund darauf bestanden, an diesem Tage zu kommen, um die 100 Pfund zu bringen, so hätte unsere Geliebte mit einer Schuld von 60 Pfund das Vierteljahr beschließen müssen. Es würde ihr fast das Herz gebrochen haben, wenn dies der Fall gewesen wäre, nachdem sie um Hilfe gebetet und sie erwartet hatte. Unser beider Herzen waren voller Anbetung und Dank für diese unvergeßliche Hilfe. Es war nicht das erstemal, daß wir miteinander dem Herrn für seine wunderbare Hilfe dankten; es wird auch nicht das letztemal sein.

So hat der Herr durch den einen und anderen die Kasse gefüllt, durch die so vielen seiner armen Diener Erfrischungen geboten werden können – und Er wird's auch fernerhin tun.«

In den ersten 15 Jahren waren nun bereits 122 129 Exemplare wertvoller Bücher verteilt worden. Allein im Jahre 1890 wurden aus dem Bücherfonds 6867 Bände gratis versandt. Gottes Weisung und Segen ruhten auf dieser Arbeit. Gott hatte Spurgeon hierüber einst ein Traumgesicht gegeben:

»Ich sah im Traum einen Mann erschöpft und müde beim Pumpen – aber es kam kein Wasser. Ganz in der Nähe des Brunnens war sein Garten; all seine Blumen und Pflanzen lechzten nach Wasser, aber er konnte ihnen keins geben. Danach sah ich eine Frau mit einem Krug Wasser sich ihm nähern. Sie blieb stehen und blickte den Erschöpften freundlich an, während sie lächelnd den Inhalt ihres Kruges in den Brunnen goß. Sofort begann die Pumpe zu arbeiten und brachte ihr eigenes Wasser hinauf. Wie segnete der Arbeiter die, die ihm dazu geholfen! Ich denke, ich kenne diese Frau und bin überzeugt, daß häufig ein neues Buch einem von anscheinend vergeblicher Arbeit für den Herrn erschöpften Prediger neuen Mut gab, mit Erfolg weiterzuarbeiten, was aber nur durch den Bücherfonds möglich war.«

Durch den gesegneten Dienst einer einfachen, stillen Frau wurde mancher vertrocknete Brunnen mit neuem Lebenswasser erfrischt und die schon ermüdeten Arbeiter Gottes mit neuem Glaubensmut und Kraft erfüllt; ein nachdrücklicher Beweis dafür, daß alle Fügungen und Zulassungen Gottes auf unserem Lebensweg zur Vollendung des persönlichen Glaubenslebens dienen und den Heilsplan Gottes zur Erfüllung bringen. Dem Namen des Herrn sei allezeit und für alles Dank und Anbetung!

Waisenhäuser

»Denn wer da hat, dem wird gegeben werden; und wer nicht hat, von dem wird man auch das nehmen, was er hat« (Mark. 4, 25, Bruns). Der nun weit bekannte Mann Gottes, C. H. Spurgeon, konnte mit Freuden auf einen enorm großen Erfolg seines bisherigen Wirkens blicken. Die Gemeinde hatte sich von kaum hundert Zuhörern auf Tausende vermehrt. Ein unbekannter »Landpastor« aus Waterbeach war zum bekanntesten Prediger auf den Kanzeln der Metropole London geworden, und seine Predigten wurden durch die Presse in aller Welt verbreitet. Der Bau eines für damalige Verhältnisse unübertroffenen Gotteshauses war schuldenfrei vollendet worden. Die Schriften und Bücher Spurgeons erreichten unzählig viele Menschen in allen Kontinenten. In dem von ihm gegründeten Predigerseminar studierten berufene Jünger das Wort des Herrn. Gab es angesichts dieses umfangreichen Werkes noch irgendeine Aufgabe, deren sich der nun so viel beschäftigte Lehrer, Gemeindeleiter, Evangelist und Prediger hätte annehmen können und müssen? Ja – Gott selbst öffnete den Weg zu einem neuen Dienst.

Während einer Gebetsversammlung im Tabernakel forderte Spurgeon die Anwesenden auf, den Herrn um Auskunft zu bitten, ob es noch einen Auftrag gäbe, der bisher von der Gemeinde nicht erfüllt worden sei.

William Olney, der geistesmächtige Diakon der Tabernakelgemeinde, erkannte die Notwendigkeit eines diakonischen Werkes an Waisenkindern. Der Auftrag wurde durch den Geist Gottes erteilt. Doch wie sollte man ein Waisenhaus errichten, ohne die dafür nötigen Gelder zu besitzen? Schulden machen war für Spurgeon gleichbedeutend mit: nicht geistlich handeln! Da also die Mittel nicht vorhanden waren, fragten die Diakone den Herrn im Gebet, ob es Sein Wille sei, ein Missionswerk in Angriff zu nehmen. Man bemühte sich, »würdig« zu sein, den Willen Gottes zu erfüllen. Man legte keinen Wert darauf, »kreditwürdig« bei Banken und Geschäften zu sein, sondern allein »glaubwürdig« vor dem allmächtigen Gott, um Seinen Anordnungen Folge leisten zu können.

»Gott gibt für ein von Ihm gewolltes Werk auch Mittel und Wege«; diese Ansicht vertrat Spurgeon als Diener des Herrn.

Gott beauftragte eine der Gemeinde völlig unbekannte Frau, die ersten finanziellen Mittel für diese Mission zur Verfügung zu stellen. Wie dieser Auftrag an Frau Hillyard erging, berichtete Professor Henderson aus Bristol erst nach dem Tode Spurgeons, und zwar bei einem Jahresfest.

»Wir saßen unser vier – ein Ehepaar, die Witwe Hillyard und ich – in London bei fröhlicher und geistlicher Unterhaltung beisammen. Plötzlich brachte Frau Hillyard ein neues Thema ins Gespräch, indem sie sich direkt an meinen Freund wandte und sagte: ›Ich habe eine beträchtliche Summe für Reichsgotteszwecke bereitgestellt und würde mich freuen, wenn Sie deren Verwaltung übernähmen. Es sind 20000 Pfund.‹

Mein Freund war ein sehr vorsichtiger Mann, der sichtlich erschrak und sich aufs entschiedenste dagegen wehrte.

›Nun gut‹, sagte Frau Hillyard, ›wenn Sie es nicht können und wollen, wozu raten Sie mir?‹

Er antwortete, es sollte ein in der Öffentlichkeit bekannter Mann sein, der die Summe richtig verwalten und sich der Öffentlichkeit gegenüber verantwortlich fühlen müßte.

Nun geschah etwas Merkwürdiges. Frau Hillyard kannte wohl den Namen Spurgeon, aber sie war eine treue Anhängerin der englischen Staatskirche und lehnte Spurgeons Baptismus ab. Seine Aufrichtigkeit aber und seinen edlen Charakter erkannte sie an.

›Bitte‹, drang sie noch einmal in meinen Freund, ›nennen Sie mir einen Mann, der Ihre Wünsche und Bedingungen erfüllen würde!‹

Da kam es – er wußte selbst nicht, wie es geschah – unwillkürlich über seine Lippen: ›Spurgeon!‹

Frau Hillyard willigte ein und schrieb am 3. September 1866 an Spurgeon, er möchte zu einer Besprechung zu ihr kommen.

Spurgeon brachte seinen Freund Hill mit und wurde, als er die bescheidene ›Villa‹ von Frau Hillyard sah, etwas mißtrauisch. Er ließ sich vom Dienstmädchen melden und wurde auch sofort vorgelassen.

›Wir kommen wegen der 200 Pfund‹, stellte sich Spurgeon vor.

›Oh‹, lautete die Antwort, ›soll ich mich so verschrieben haben? Ich dachte, ich hätte 20 000 Pfund geschrieben!‹

›Jawohl, das haben Sie auch, aber man kann sich ja auch irren, und ein paar Nullen fließen schnell aus der Feder!‹

›Nein, nein, es liegt kein Irrtum vor. 20 000 Pfund sollen es sein, die ich in Ihre Hände legen möchte. Sie sollen ein Waisenhaus dafür bauen.‹

›Wollen Sie das Geld dann nicht lieber an Georg Müller nach Bristol senden?‹ fragte Spurgeon.

›Nein, nein, Sie sollen es nehmen und es vor Gott verwalten.‹

›Sind nicht aber vielleicht Erben vorhanden, die das Geld nötiger haben?‹ wandte Spurgeon aufs neue ein.

›Keine!‹«

Und so übernahm Spurgeon diese Gabe und damit auch die neue Aufgabe, Vater vieler Vaterloser zu werden.

Dieses Glaubenswerk entstand also nicht aus einem Wunschdenken des erfolggewohnten Gottesmannes, sondern wurde dem Beter C. H. Spurgeon durch die geheimnisvolle Führung des Heiligen Geistes anvertraut. Die Diakone der Gemeinde erklärten sich bereit, voll und ganz durch Gebet und Tat, ja mit aller Kraft dieses neue Vorhaben zu fördern. Hierdurch wurde nicht nur ein solides Werk ins Leben gerufen, sondern auch die große Möglichkeit gegeben, Kinder durch das Wort der Heiligen Schrift zur Bekehrung zu führen und sie für den Dienst im Reiche Gottes zu gewinnen. Es war das Gebet von Mrs. Hillyard, daß der Herr die Seelen der Kinder erretten möge und viele von ihnen zu Missionaren und Predigern herangebildet würden.

Ein Gelände in der Größe von zweieinhalb Morgen Land wurde im Januar 1867 in Stockwell gefunden und gekauft. Da die gespendete Summe jedoch hauptsächlich aus Eisenbahnschuldscheinen bestand und dadurch nicht sofort als bares Geld verfügbar war, mußte der eigentliche Baubeginn noch hinausgeschoben werden. Diese Verzögerung erwies sich letztlich als segensreich. Über die weitere Entwicklung erfahren wir aus Spurgeons Tagebuch:

»Der für das Waisenhaus vorgeschlagene Plan war, die Waisen nicht nach dem Arbeitshaussystem zusammenzuscharen, sondern größere Familien aus ihnen zu bilden. Diese Idee war auch zum Sammeln von Geldern gut geeignet, denn wir konnten dadurch vorschlagen, daß jeder einzelne Geber den Betrag für den Bau eines Hauses schenken möchte. Daneben wandten wir uns an das christliche Publikum, um die Mittel zum Bezahlen des Grundstücks und der Baulichkeiten, wie zum Beispiel für das Eß- und Schulzimmer, die zum gemeinsamen Gebrauch für die Waisen erforderlich wären, zu erhalten. Wir legten Gott diese Angelegenheit im Gebet hin und bitten nun den Leser, den Eintragungen zu folgen, um die Güte Gottes zu erkennen.«

»Juni 1867. Der Herr beginnt, in der Angelegenheit des Waisenhauses für uns zu wirken; aber bis jetzt hat Er noch nicht die Fenster des Himmels so geöffnet, wie wir es wünschen und erwarten. Wir harren im Glauben und Gebet. Wir brauchen nicht weniger als 10 000 Pfund Sterling zum Bau der Häuser, *und sie werden kommen.*«

»Der Weg des Herrn ist der beste«, schrieb Spurgeon, »wie er auch immer sein mag; darüber freuen wir uns. Erfordert das Werk auch Zeit und Mühe – wenn nur der Name Gottes darin verherrlicht wird! Wir haben eine Schwester zur Aufnahme der ersten vier Waisen in ihrer Mietwohnung angestellt, bis die Waisenhäuser fertig sind. Unsere geliebte Freundin, die Spenderin der ersten Gabe, hat für diesen Zweck ihr Silberbesteck verkauft und durch diese Tat allen Gläubigen, die Überfluß an Silber haben, ein Beispiel gegeben, daß es zu einem besseren Gebrauch verwendet werden kann, als im Schrank zu liegen.«

»August 1867. Mögen die folgenden Ereignisse, von denen wir mit Dankbarkeit berichten, dazu dienen, den Glauben der Gläubigen zu stärken! Als Antwort auf viele inbrünstige Gebete hat der Herr die Herzen der Seinen gelenkt und während des letzten Monats uns von verschiedenen Spendern für den allgemeinen Fonds der Waisenhäuser die Summe von 1075 Pfund gesandt, wofür wir Seinem

Namen Dank sagen. Wir sehen die gnädige Hand Gottes ganz besonders in folgenden Geschehnissen: ›Eine Dame, die uns häufig betreffs des Colleges eine große Hilfe war, feierte ihre Silberhochzeit. Ihr Gatte schenkte ihr als Beweis seiner stets wachsenden Liebe zu ihr an diesem Tage 500 Pfund. Unsere Schwester sprach bei uns vor und widmete diese Summe dem Bau eines der Häuser, dem sie den Namen *Silberhochzeitshaus* beilegte. Inzwischen hat der Herr schon eine zweite große Gabe für uns bereit. Einige Tage später kam ein im Herrn geliebter Bruder, um über eine gewisse Angelegenheit mit uns zu sprechen. Er ließ einen versiegelten Umschlag zurück, der 600 Pfund zum Bau eines zweiten Hauses enthielt. Dieses Geschenk kam nicht minder unerwartet als das erste, es sei denn, daß der Glaube erwartet, daß alle unsere Notdurft in der dem Herrn eigenen Weise erfüllt wird. Als ich am folgenden Tage unter freiem Himmel gepredigt hatte, drückte eine unbekannte Schwester mir ein Kuvert in die Hand, in dem 20 Pfund für das College und 20 Pfund für das Waisenhaus waren.«

Baustein um Baustein reihte sich aneinander; Schritt für Schritt führte der Herr seinen Knecht und die Gemeinde in diesem Vorhaben voran.

Später versprach der Diakon William Higgs, mit seinen Arbeitern ein Haus zu bauen. Der Diakon Olney und seine Söhne entschlossen sich, zur Erinnerung an die verstorbene Frau Olney ein anderes Haus erstellen zu lassen. So wurden denn die Grundsteine zu vier Häusern, von Spurgeon, Frau Hillyard, den Freunden Higgs und Olney gelegt. Am Schluß dieses Tages waren 2200 Pfund Sterling eingekommen, womit das Land bezahlt und vier Häuser gebaut werden konnten, ohne dabei die Spende von Frau Hillyard anrühren zu müssen.

Im Januar 1868 schrieb Spurgeon nieder, daß ein unbekannter Herr für den Bau von zwei weiteren Häusern tausend Pfund gespendet habe. Schon im März wurden wiederum zweitausend Pfund von einem unbekannten Freund überwiesen. Dazu schrieb Spurgeon: »Wir fordern alle Freunde auf, den Herrn für diesen wunderbaren Beweis Seiner Fürsorge zu preisen. Was für ein gemeines Ding ist doch der Unglaube, und wie hoch ehrt der Herr den Glauben der Seinen! Das Schreiben, das die große Gabe begleitete, zeigt, daß sie von demselben Geber ist, der vor einigen Wochen 1000 Pfund sandte. Wir hatten schon befürchtet, durch das Waisenhaus möchte das College beeinträchtigt werden, und nun seht, liebe Leser, wie gnädiglich der Herr diese kleingläubigen Befürchtungen beschämt. Hier der Brief:

›Mein lieber Herr! Sie erinnern sich vielleicht meiner Absicht, Ihnen eine Gabe für Ihr College zu senden. Ich habe heute in Ihren Briefkasten ein Kuvert fallen lassen mit zwei Banknoten (2000 Pfund). Die eine ist für Ihr Seminar, und die andere zur Vervollständigung Ihrer Waisenhäuser bestimmt. Letztere veranlaßten mich zu einem Beitrag für ersteres. Ihnen persönlich bin ich zwar ein Fremder, nicht aber Ihren Predigten (gedruckten). Möge der Herr Ihnen Gesundheit und Kraft geben, damit Sie noch manches Jahr Sein Wort predigen und Sein Werk treiben können! A. B.‹«

Im Juli desselben Jahres spendeten die Baptistengemeinden Englands 1200 Pfund Sterling, eine Summe, die später noch auf 1765 Pfund erweitert wurde und die begleitet war von einer schönen Denkschrift. Am Ende des Jahres 1869 waren dann alle Gebäude hergestellt, und zwar für einen Preis von 10 200 Pfund und somit völlig schuldenfrei. Später baute man noch ein Krankenhaus, ein Bade- und ein Waschhaus. Und alle Kosten waren durch die gnädige Führung Gottes rechtzeitig gedeckt.

Im März des Jahres 1875 war die Haushaltskasse der Waisenanstalten einmal in beträchtliche Schwierigkeiten geraten, doch Spurgeon prophezeite: »Wenn es ganz Ebbe geworden ist, wird die Flut gewiß zurückkehren. Unsere Kinder haben Nahrung und Kleider. Wäre das nicht der Fall, so würden wir die Ebbe in unseren Mitteln nicht erwähnen, aber der Appetit ist ein halsstarriges Ding, und unsere Jungen haben ihn in doppeltem Maße.«

Im September konnte er dann schreiben: »Diesen Monat haben wir die größte Summe erhalten, die uns, mit einer Ausnahme, auf einmal anvertraut wurde, nämlich 10 000 Pfund. Die Hälfte davon ist für das Waisenhaus bestimmt und wird unserer allgemeinen Regel gemäß eingeteilt werden, bis unsere täglichen Bedürfnisse uns zwingen, davon zu nehmen.«

Zwei Monate später können wir in seinen Aufzeichnungen lesen:

»Wir erhielten im Laufe dieses Monats manche Gabe, aber eine hat uns außerordentliche Freude bereitet. Unsere lieben Freunde in Reading haben zum Besten unseres Waisenhauses einen Basar veranstaltet, dessen Reingewinn 1158 Pfund beträgt. So etwas wäre uns nicht im Traume in den Sinn gekommen, und wir können es kaum glauben. Das ist königliche Freigebigkeit und übertrifft alles, was irgendeine Stadt in England für uns getan hat. Wir preisen den Namen des Herrn und fassen Mut!«

»Machen wir einen Rundgang durch die Anlagen«, forderte Spurgeon die von weither angereisten Gäste auf, die sich ein Bild von dem Werk des Glaubens machen wollten. Ein Zeitgenosse Spurgeons schilderte seinen Besuch in den Waisenhäusern wie folgt:

»Die Waisenhäuser, wie sie jetzt stehen, bieten in ihrer Form dem Auge ein schönes Äußeres. Obwohl für Verzierungen kein Geld verschwendet worden ist, so können die Gebäude, ob einzeln oder insgesamt betrachtet, doch einem Vergleich mit ähnlichen Gebäuden in England oder anderen Ländern wohl standhalten. Eleganz und Nützlichkeit gehen in gelungener Weise Hand in Hand. Durch den Bogen des langen Fahrweges eintretend, sieht man einen großen, offenen, schön angelegten und bepflanzten Platz, der an allen Seiten von verschiedenen Gebäuden eingefaßt ist. Auf dem Pfeiler rechts vom Eingang sind *Kelle* und *Schwert*, die Sinnbilder des Kampfes mit der Sünde und der Arbeit für den Herrn zu sehen – bekanntlich der Name der Zeitschrift, die Spurgeon mehr als siebenundzwanzig Jahre lang herausgegeben hat. An der linken Seite steht die köstliche Verheißung: *›Der Herr sorget für euch‹*, während auf der Innenseite der beiden ersten Pfeilerbogen der Text steht: *›Mein Gott wird ausfüllen all euren Mangel nach seinem Reichtum in der Herrlichkeit in Christus Jesus.‹*

Unter dem marmornen Torweg stehend, liest man die köstlichen Verheißungsworte: *›Er ist ein Vater der Waisen und ein Helfer der Witwen, er ist Gott in seiner heiligen Wohnung‹*, während auf den dem Garten am nächsten stehenden Pfeilern folgende Inschriften zu lesen sind: *›Salomo in aller seiner Herrlichkeit war nicht bekleidet wie diese‹* und *›Euer himmlischer Vater nähret sie‹*.«

Aus der Vogelschau betrachtet sahen die aneinandergereihten Häuser wie ein über der Erde ausgebreitetes großes Fenster aus, wobei die Häuser den Fensterrahmen bildeten und die darin befindlichen Wege das Fensterkreuz darstellten. Die verschiedenen Häuser hatten jeweils ihren besonderen Namen, der entweder auf den Spender hinwies oder einen Verein, der es durch Spenden ermöglicht hatte, eins dieser Häuser zu bauen. Wie es zu dem Namen *»Silberhochzeitshaus«* kam, ist bereits erwähnt worden. Das *»Handwerkshaus«* erhielt seinen Namen, weil ein Fabrikant mit seinen Angestellten hierfür die nötigen Gelder stiftete. Ein anderes Gebäude hieß das *»Kaufmannshaus«*, da ein Kaufmann den Hauptanteil der Bausumme gespendet hatte. William Olney, der bekannte Diakon der Tabernakelgemeinde, hatte seine Firma mit der seines Sohnes vereinigt, deshalb gaben sie dem Haus, das von ihren Spenden errichtet worden war, den Namen das *»Eintrachtshaus«*.

Ein *»Zeugnishaus«* wurde aus vielen kleinen Gaben des Landes erbaut, das *»Seminarhaus«* stammt von den Spenden der Bibelschüler aus dem Predigerseminar. Von den Gaben der Sonntagsschule des Tabernakels entstand das *»Sonntagsschulhaus«*.

Bis zum Jahre 1879 beherbergten die Waisenanstalten nur Jungen. Spurgeon vergaß aber nicht die Mädchen. Im Juni desselben Jahres konnte man in der Zeitschrift *»Schwert und Kelle«* folgenden Artikel lesen:

»Wir haben von der Gründerin des Stockweller Waisenhauses 50 Pfund zu einem Waisenhaus für Mädchen erhalten; wir und Freund Galgin haben dieser Gabe je 50 Pfund beigelegt, überdies sind uns von zwei anderen je 25 Pfund versprochen worden. An unserem Jahresfest, dem 19. Juni, wird ein Verkauf zum Besten eines Mädchen-Waisenhauses stattfinden. Wir wollen in dieser Sache keineswegs drängen, sind aber der festen Überzeugung, daß sie von selbst wachsen wird, bis wir genügend Mittel in den Händen haben, sie in Angriff zu nehmen.« Einen Monat später berichtet Spurgeon über das Jahresfest und fügt hinzu: »Die Nachricht, daß wir aufgrund unseres gegenwärtigen Status imstande sind, auch das Mädchen-Waisenhaus in Angriff zu nehmen, wurde mit lautem Beifall begrüßt, der sich wiederholte, als wir die Mitteilung machten, daß wir schon Schritte unternommen hätten, indem wir das angrenzende Haus mit Garten, ›The Hawthorns‹ genannt, für viertausend Pfund kauften. Zu dieser Summe haben wir bis zum 20. Juni mit dem Ertrag des Basars 309 Pfund, dazu noch 200 Pfund erhalten. Das Haus soll den Namen ›Diakonissenhaus‹ erhalten. Überdies wurden uns von einem Freund 25 Pfund, von einem anderen 50 Pfund und von zwei anderen je 500 Pfund für zwei Mädchenhäuser gestiftet. Ein anderer Freund will die Maler- und Glaserarbeiten im Wert von 25 Pfund kostenlos ausführen. Wir würden uns freuen, wenn der Herr seine Haushalter willig machte, den Rest der 4000 Pfund zu senden, ehe am 15. Juli der Kaufpreis bezahlt werden muß. Wir befehlen Ihm die Sache an und wissen, Er wird's wohl machen. Mit nur 550 Pfund in Händen oder in Aussicht ist es ja gewagt, in vierzehn Tagen das Fehlende zu erwarten, aber unser Versorger ist ein Gott mit großen Hilfsquellen.«

Wie wunderbar Gott mit seinen Werkzeugen wirkt, die Er zu Seinem Dienst erwählt hat, bezeugt Spurgeon im September des gleichen Jahres: »Wieder haben wir die große Güte unseres treuen, hochgelobten Gottes zu preisen. Wunderbar hat er uns mit den Mitteln versorgt, die wir zu diesem Werke brauchen, zu dem Er uns berufen hat. Es ist unseren Freunden bekannt, daß wir für 4000 Pfund ein Haus mit Garten gekauft und natürlich zu bezahlen hatten. Aus verschiedenen Gründen wurde der Zahlungstermin auf den 30. Juli verschoben, und gerade am Morgen dieses Tages erhielt ich einen Brief mit der Nachricht, ein vor kurzem verstorbener Herr habe für unser Mädchen-Waisenhaus 1500 Pfund hinterlassen. Damit fehlte an unserer Kaufsumme nur noch eine Kleinigkeit. Die ganze Summe ist nun bezahlt; das Besitztum ist jetzt unser. Von Herzen stimmen wir den Worten des Freundes, der uns die gute Nachricht brachte, bei: ›Der Herr hat wunderbare Wege, die Leute zu gebrauchen, um Mittel zu seinem Werke zusammenzubringen.‹ Die Geschichte des Legats sowie mancher anderer Gaben ist eine merkwürdige und mag vielleicht demnächst erzählt werden. Sie wirft ein helles Licht auf die Weisheit und Güte des Herrn und dient sehr zur Glaubensstärkung.«

Er fügt dann später noch hinzu: »Wir haben jetzt die Möglichkeit, sieben Häuser zu bauen. Das hat Gott getan! Es müssen noch Schulzimmer und ein Krankenhaus gebaut werden, so daß große Geber noch Gelegenheit finden, sich zu beteiligen und das Werk vollständig fertig zu bringen.«

Im Oktober 1880 wurden die Grundsteine für die neuen Gebäude gelegt. Zu der Zeit lag Spurgeon unter vielen Schmerzen und zunehmender Schwäche im Krankenbett. Die Union der Baptistengemeinden Englands hielt gerade ihre jährliche Sitzung in London ab, weshalb man die Grundsteinlegung auf diesen Termin verlegt hatte. Nun konnte der Initiator und Begründer der Häuser nicht einmal bei diesem festlichen Anlaß dabeisein.

Von seinem Krankenlager aus schrieb Spurgeon: »Herzlich heißen wir die Baptisten-Union willkommen zu ihrer Herbstsitzung in London. Möge der Herr mitten in all ihren Versammlungen sein! Dem Programm der Union gemäß ist als erstes der Besuch des Stockweller Waisenhauses geplant. Es war außerordentlich gütig von dem Komitee, es so einzurichten.«

Am Montag, dem 4. Oktober, nachmittags um halb drei Uhr legte das Parlamentsmitglied George Palmer den Gedenkstein zu dem »Readinghaus«. Die Stadt Reading hatte den größten Anteil an den Liebesgaben, die für dieses Werk geopfert worden waren.

Der Amerikaner John C. Gough berichtet über eine Begegnung mit Spurgeon und die Besichtigung der Waisenhäuser folgendes: »Persönlich ist er bezaubernd. Man kann eben nicht sagen, daß er von vornherein ein anziehendes Wesen hat, doch hat er nichts Geziertes oder den Schatten von täuschendem Schein an sich. Es ist gesagt worden, sein Gesicht sei »ohne Ausdruck«; wenn es aber durch ein freundliches Lächeln verklärt wird, ist es wirklich schön. Ich war durch seine erste Begrüßung ganz gefesselt. Die wenigen Stunden, die ich mit ihm verleben durfte, gehören mit zu den angenehmsten und gesegnetsten meines Lebens. Er ist voll geistreichen Humors. Sein Lachen ist ansteckend. Und doch, bei allem Witz und Scherz, bei seiner scharfen Begabung, die lächerliche Seite der Dinge zu erkennen, findet man bei ihm keine Leichtfertigkeit. Es würde einen nicht befremden, wenn er nach einem herzlichen Lachen sagen würde: Laßt uns nun beten! Um den Mann in seiner Größe und Einfachheit zu beleuchten, möchte ich einen Vorfall mitteilen. Er wünschte, daß ich die Waisenanstalt für Jungen in Stockwell besuchen möchte. Ich konnte aber nur am Sonnabend dorthin gehen. Sein Antwortschreiben war charakteristisch für ihn:

›Geliebter Freund!
Obgleich ich am Sonnabend sonst nie ausgehe, weil meine Pferde,

die unter dem Gesetz und nicht unter der Gnade stehen, am siebenten Tage Sabbat halten, will ich's doch einrichten.‹

Es war, wenigstens für London, schönes Wetter, während wir uns, auf dem Wege lebhaft unterhaltend, zusammen hinfuhren. Als wir den freien Platz betraten, erhoben die Jungen beim Anblick ihres Wohltäters ein Jubelgeschrei. Ich fragte: ›Was ist zur Aufnahme erforderlich?‹ ›Völlige Hilflosigkeit und Nichtzugehörigkeit zu einer bestimmten Kirchengemeinschaft‹, war die Antwort. ›Wir haben mehr aus der Staatskirche als von den Baptisten; wir haben Katholiken, Presbyterianer, Methodisten – alle Sorten.‹«

Nachdem Spurgeon Herrn Gough durch die allgemeinen Anlagen geführt und der Gast auch die Turnübungen der Jungen gesehen hatte, fragte der ›Vater der Vaterlosen‹ liebevoll seinen Besucher: ›Möchten Sie auch unser Krankenhaus sehen? Wir haben nicht nur ein Krankenhaus, sondern auch ein Isolierhaus. Die armen Kinder, die wir aufnehmen, bedürfen gewöhnlich sehr der Reinigung. Wir haben einen Jungen, der sehr krank ist. Ich möchte ihn sehen, denn es würde ihn sehr betrüben, wenn er hörte, daß ich hier gewesen sei, ohne ihn besucht zu haben.‹

Wir begaben uns in das kühle, saubere Krankenzimmer. Der Kranke wurde beim Anblick seines Seelsorgers sehr erregt. Der große Prediger setzte sich an sein Lager, und die Hand des Jungen in der seinigen haltend, sagte er: ›Nun, mein lieber Junge, du hast um dich her köstliche Verheißungen. Du wirst bald sterben, liebes Kind, du bist sehr müde vom langen Liegen, du wirst aber bald frei sein von allen Schmerzen und zur Ruhe kommen.‹ Auf seine Frage an die Pflegerin, ob der Kranke vorige Nacht geschlafen habe, folgte die Antwort, er habe viel gehustet.

›Ah, mein lieber Junge, es ist nicht leicht für dich, den ganzen Tag mit Schmerzen hier zu liegen und nachts so viel zu husten. Hast du Jesus lieb?‹

›Ja,‹

›Jesus liebt dich. Er hat dich erkauft mit seinem kostbaren Blut und weiß, was am besten für dich ist. Es mag hart für dich sein, hier liegen und das Jubeln der gesunden Jungen draußen beim Spielen hören zu müssen. Aber bald wird Jesus dich heimholen; dann wird Er dir sagen, warum es so war, und du wirst dich sehr freuen.‹

Darauf legte er seine Hand auf den kranken Jungen und betete: ›O Jesus, guter Meister, dieses liebe Kind streckt seine abgezehrte Hand nach Dir aus. Erfasse es, lieber Heiland, mit Deinen lebendigen, warmen Händen. Heb es auf, wenn es durch den kalten Strom waten muß, damit seine Füße in der Flut des Todes nicht erstarren. Bringe es heim zu Deiner Zeit. Bis dahin tröste und erheitere es. Zeige Dich ihm, während es hier liegt, und laß es Dich sehen und Dich mehr und mehr als seinen liebenden Heiland erkennen!‹

Nach einer kurzen Pause fragte er: ›Nun, mein lieber Junge, gibt es irgend etwas, was du gern hättest? Möchtest du wohl einen Kanarienvogel im Bauer haben, der dir morgens etwas vorsingt? Dann, sich an die Pflegerin wendend, sagte er: ›Sieh zu, daß er bis morgen früh einen Kanarienvogel hat‹, und verabschiedete sich darauf von dem Kranken mit den Worten: ›Adieu, mein lieber Junge, du wirst wahrscheinlich den Heiland eher sehen als ich.‹

Ich hatte gesehen, wie der große Mann durch die Macht seiner Rede sechstausendfünfhundert Leute in atemloser Spannung fesselte; ich kannte ihn als den allgemein geachteten und beliebten Mann, aber am Sterbebett eines Kindes, das durch seine Liebe gerettet worden war, kam er mir größer und erhabener vor, als wenn er über mächtige Scharen das Zepter führte.«

In den Waisenhäusern konnten bis zum Tode Spurgeons tausendsechshundert Jungen aufgenommen und versorgt werden. Nachdem die Kinder die Schule beendet hatten, kamen sie entweder in eine Lehre oder die Mädchen in einen Haushalt. Für Spurgeon war es jedoch der schönste Lohn, wenn er erleben durfte, daß ehemalige Waisenkinder zu Missionaren im Kongo, in Japan, Dänemark, Südamerika und in anderen fernen Ländern wurden.

Spurgeon – gelesen in aller Welt!

» Und es wird gepredigt werden dies Evangelium vom Reich in der ganzen Welt zum Zeugnis für alle Völker, und dann wird das Ende kommen« (Matth. 24, 14).

Gemessen an dem Reisefieber der schnellebigen Generation des 20. Jahrhunderts ist Spurgeon kaum in der Welt herumgekommen. Hierfür können einige Gründe genannt werden:

1. Seine Gemeinde mit etwa sechstausend Zuhörern, die er Woche für Woche geistlich zu bedienen hatte, machte ihn fast unabkömmlich.

2. Seine schon relativ früh auftretende Krankheit, die schmerzhaften Anfälle von Rheumatismus und Gicht, verminderten seine Beweglichkeit.

3. Seine grundsätzliche Abneigung gegen jegliche Art religiösen Showgeschäftes. Er weigerte sich, als ein frommes Weltwunder angestaunt zu werden, obwohl aus den Vereinigten Staaten von Amerika die verheißungsvollsten Angebote kamen. Man bot ihm Riesensummen für seine Vorträge, für fünfundzwanzig Vorlesungen sollte er 25 000 Dollar erhalten, für hundert Evangelisationsabende 100 000 Dollar!

»Wir werden Ihnen in unserem Lande jede Bequemlichkeit verschaffen, die es überhaupt gibt«, wurde ihm versichert. Seine Antwort aber war klar und unabänderlich: »Und wenn Ihr dieses Angebot hundertmal oder zweihundertmal so groß macht, so würde ich es doch nicht annehmen, denn ich bin ein Prediger des Evangeliums und nicht ein Vortragskünstler.« Sooft sich auch der finanzstarke Kontinent Amerika mit verlockenden Angeboten bemühte, Spurgeon doch noch eine Reise dorthin schmackhaft zu machen; er blieb bei seiner Einstellung: Ich bin nicht für Geld zu haben!

Dennoch wurde die Botschaft Jesu durch ihn in alle fünf Kontinente der Erde getragen, auch ohne Radio, Fernsehanstalten oder Nachrichtensatelliten. Auf welche Weise sich seine Predigten und Schriften bis in entfernteste Winkel der Erde verbreiteten, bezeugen unzählige Zuschriften und Zeugnisse aus aller Herren Länder.

Spurgeon selbst unternahm nur einige Reisen, die ihn nach Schottland, Irland, Holland, Frankreich und Italien führten. Mit seiner unvergleichlich lauten Stimme konnte er zwanzig- bis dreißigtausend Menschen in einer Versammlung erreichen. Hunderttausende hörten ihn im Verlauf der drei Jahrzehnte seines öffentlichen Wirkens in London. Jedoch erreichte er durch das gedruckte Wort Millionen Menschen in vielen Ländern. Seine tägliche Zuhörerschaft sowie sein Interessentenkreis war deshalb unübersehbar. Die Predigten wurden in viele Sprachen und Dialekte übersetzt und gedruckt. Bis zu seinem Tode hatte man sie in 33 Sprachen übersetzt. Später übertrugen Missionare und Eingeborene diese Botschaften in weit mehr Mundarten. Die holländischen Übersetzungen in den zahlreichen niederländischen Kolonien übertrafen bei weitem alle anderen. Viele Bände seiner umfangreichen Arbeiten erschienen ferner in der italienischen, französischen, schwedischen und deutschen Sprache. Es folgten Übersetzungen seiner Auslegungen in spanischer, russischer, lettischer, serbischer, ungarischer und arabischer Sprache. Es erschienen einzelne Schriften in Maori, Gaelic, Telugu, Urdu und anderen Mundarten. Sogar eine Ausgabe für viele tausend karenischer Christen in Birma, Hinterindien, wurde herausgegeben.

Bis zum Jahre 1891 verkauften Missionshelfer siebzig Millionen gedruckter Predigten in der englischen Sprache, und zwar im gesamten Königreich England, in Amerika und in den Kolonien. Das am meisten verbreitete Werk wurden seine »Reden hinter dem Pflug«, ein Volksbuch, das in England mit einer Auflage von 500 000 Exemplaren herausgebracht wurde. Im Oktober des gleichen Jahres veröffentlichte Spurgeon in seiner Zeitschrift »Schwert und Kelle« eine Notiz zu den Übersetzungsarbeiten: »Vor kurzem wurde Erlaubnis erteilt, zum Besten der Gemeinden der Eingeborenen in dem Pundschab, Indien, eine Übersetzung von ›All of Grace‹ (Ganz aus Gnaden) in die Urdu- und hindustanische Sprache zu veranlassen. Ein presbyterianischer Missionar schreibt: Ich besitze von Ihren Predigten vier Bände, die ich Hindus und Christen zu lesen gebe. Einige davon habe ich in die hindustanische Sprache übersetzt und für eine in der hiesigen Landessprache erscheinende von mir herausgegebene Zeitschrift benutzt. Das, was mir in allen Ihren Predigten so sehr gefällt, ist die Verkündigung des Herrn Jesus Christus, vor allem der Hinweis auf Ihn als das Lamm Gottes.«

Die umfangreichste schriftstellerische Arbeit des von Gott begnadeten Mannes war und blieb »Davids Schatzkammer«. Der Chronist R. Schindler aus London schreibt hierzu: »Von allen seinen Werken ist ›Davids Schatzkammer‹ das großartigste. Es nahm zwanzig Jahre lang den Verfasser sehr in Anspruch. Während dieser ganzen Zeit suchte einer seiner Sekretäre beständig in der Bibliothek des britischen Museums und in anderen Bibliotheken herum, um aus jeder brauchbaren Quelle alles nur Mögliche auszuschöpfen, was zur Auslegung der Psalmen dienen könnte. Der Wert dieses Werkes für Prediger zeigt sich an den sich stets vermehrenden Bitten, die bei Frau Spurgeon einlaufen, dieses Buch aus dem Bücherfonds zu erhalten. Welchen Anklang es auch im allgemeinen bei dem christlichen Publikum gefunden hat, möge durch die Tatsache erwiesen werden, daß, obgleich jeder Band mehr als acht Mark kostet, über hundertzwanzigtausend verkauft worden sind.

Kein Kommentar zu einem einzelnen Buch der Bibel hat je eine solche Verbreitung gefunden.«

»Die Schatzkammer«, sagte Spurgeon, »hat, ohne durch sektiererische Vorurteile sich hemmen zu lassen, unter allen christlichen Gemeinschaften ihren Weg gefunden – ein weiterer Beweis von der Gemeinschaft des christlichen Lebens und der Einheit der Speise, die ihm zur Nahrung dient.«

Was die Herstellung dieses Riesenwerkes für Spurgeon selbt bedeutete, spricht er in dem Vorwort zu dem siebten und letzten Band aus:

»Ein Gefühl der Traurigkeit beschleicht meine Seele, indem ich mich von der Schatzkammer Davids trenne. Obgleich der ganze Palast der Offenbarung mir offensteht, werde ich nie auf Erden eine reichere Vorratskammer wiederfinden. Die Tage, die ich mit David im Sinnen, Trauern, Hoffen, Glauben und Frohlocken zugebracht habe, sind gesegnete gewesen. Darf ich hoffen, diesseits des goldenen Tores köstlichere Stunden zu erleben? Vielleicht nicht, denn die Zeiten, in denen die Harfe des großen Dichters des Heiligtums meine Ohren entzückt hat, sind sehr kostbar gewesen. Und doch mag die erziehende Wirkung, die von den himmlischen Betrachtungen gekommen ist, vielleicht auch weiterhin einen friedvollen Geist schaffen und erhalten, der nie ohne seinen eigenen seligen Psalmgesang und ohne ein Streben nach etwas Höherem sein wird, so wie er es bisher gekannt hat. Das Buch der Psalmen unterweist sowohl im Gebrauch der Glaubensflügel als auch der Worte; es veranlaßt uns zu beidem: Zum Emporsteigen und zum Singen. Wie oft habe ich mit dem Erklären des Textes aufgehört, um mich mit dem Psalm innerlich zu erheben und im Anschauen Gottes neue Kraft zu schöpfen! Ich kann nur hoffen, daß diese Bände anderen Herzen beim Lesen nicht weniger zum Segen werden wie sie es mir beim Schreiben gewesen sind. So würde ich reichlich belohnt sein.

. . . Und jetzt ist das kolossale Werk getan! Gott allein sei die Ehre! Während dieser angenehmen Arbeit sind zwanzig Jahre verflossen; aber den Reichtum der Barmherzigkeit zu ermessen, der mir während dieser Zeit zuteil wurde, das vermag mein dankbares Herz nicht. Wahrlich, Gutes und Barmherzigkeit haben mich all diese Jahre begleitet und mich zu neuen Lobgesängen für erfahrene neue Gnadenbeweise veranlaßt. Es gibt keinen Gott, der unserem Gott gleich wäre. Ihm sei Ehre und Herrlichkeit für alle Ewigkeit!«

Welchen Eindruck und welchen Segen die Bücher, Broschüren und gedruckten Predigten von Spurgeon in aller Welt hinterließen, kann im Rahmen dieser kleinen Darstellung nur andeutungsweise in Briefen und Zeugnissen umrissen werden.

Ein Fischer schrieb an Spurgeon: »Ich erinnere mich, daß ein Kolporteur in das Haus meiner Mutter kam und mich fragte, ob ich ein Buch kaufen wolle. ›Ja‹, sagte ich, ›wenn Sie Balladen haben, das heißt schottische Lieder.‹ Da sagte er zu mir: ›Wenn Sie mir ein Stück Fisch geben, so will ich Ihnen etwas geben, was Ihnen mehr guttun wird als alle Balladen.‹ Ich sah, daß er mein Bestes wollte. Ich gab ihm einen halben Fisch, und er gab mir eine von ihren Predigten. Der Text war: ›Blicket auf mich, so werdet ihr errettet, aller Welt Ende, denn ich bin Gott und keiner mehr.‹ Während des Lesens erleuchtete der Geist Gottes meinen Verstand, und ich sah Jesus als meinen Heiland. Welch gesegnete Stunde! Welch glücklicher Tag! Jesus hat meine Sünde hinweggewaschen.«

Die Botschaft von der Gnade Jesu strahlte wie ein Leuchtfeuer über England und Schottland. Abgelegenste Orte erhielten Kunde von der großen Erweckung in London. So kamen die sechzehn Einwohner der kleinen Insel Skerries Rock, da sie keine Kirche hatten, im Leuchtturm mit den Wächtern zusammen, um dort Gottesdienste zu halten. Man las eine Predigt von Spurgeon, betete und sang die alten Glaubenslieder. Im Monatsblatt der freien schottischen Kirche vom Dezember 1882 konnte man lesen:»So nähren und trösten die Worte, die von Tausenden jede Woche in London gehört und in jedem Winkel der Erde gelesen werden, die sechzehn Bewohner eines einsamen Felsens, der von den wilden Wogen, die im Pentland Firth schäumen, umspült wird.«

Ein Evangelist überbrachte Spurgeon einst das seltsamste Zeugnis, das er auf seine Predigten hin erfahren hatte. Er berichtete:»Eine Frau in Schottland, die entschlossen war, soweit wie möglich nichts mehr mit der Religion zu schaffen zu haben, warf ihre Bibel und alle Traktate, die sie in ihrem Hause finden konnte, ins Feuer. Eines der Traktate fiel aus den Flammen heraus, sie hob es auf und warf es wieder hinein. Zum zweitenmal glitt es heraus und noch einmal stieß sie es zurück. Wiederum war ihre böse Absicht vereitelt, aber das nächstemal gelang es ihr besser, obgleich auch da nur die Hälfte verbrannte. Indem sie das Stück aufhob, das aus dem Feuer herausgefallen war, rief sie aus: Das ist gewiß, der Teufel ist in diesem Traktat, denn er will nicht brennen! Ihre Neugierde war erwacht, sie begann es zu lesen, und – es wurde das Mittel zu ihrer Bekehrung. Das Traktat war eine der wöchentlichen Predigten. Durch diese gedruckte, wenn auch angekohlte Predigt wurde die Frau errettet, doch so, wie durchs Feuer.«

War es »Zufall«, daß die unvergängliche Seele dieser Frau vor dem ewigen höllischen Feuer gerettet wurde aufgrund eines Windstoßes im Kamin?

Auch die vielen, vielen anderen Menschen, die Spurgeon durch die gedruckten Predigten erreichte, waren keine »Zufallsprodukte«, sondern der Heilige Geist offenbarte ihnen die große Barmherzigkeit Gottes.

Ein Methodistenpastor schrieb im Jahre 1880:»Mehrmals habe ich während dieser letzten Jahre gedacht, ob Sie wohl wüßten, daß Sie auf unzähligen Kanzeln jeden Sonntag predigen; in vielen Fällen wird Wort für Wort aus den gedruckten Bänden wiederholt. Es ist Ihnen, wie ich vermute, bekannt, daß die wöchentlichen Predigten von zwei Dritteln der Protestanten in Ulster gelesen werden. In manchen Fällen halten zehn Familien zusammen ein Blatt und lesen es dann der Reihe nach.«

In Wales, dem Landesteil, der wenige Monate später von einer tiefgreifenden Erweckung ergriffen wurde, las man die Predigten ebenso gern wie in anderen Landesteilen. Zwei junge Männer eröffneten eine Sonntagsschule. Zunächst hatten sie nur fünf Schüler, die sich abwechselnd in zwei Hütten versammelten. Doch schon bald breitete sich das Werk aus, so daß diese Pioniere des Glaubens vor dreihundert Kindern predigen konnten. Durch diese Kinder nun wurden wiederum zigtausend Predigten in die Häuser der Grafschaft gebracht. Ein Prediger, der durch Nottingham reiste, wurde gebeten, eine Sterbende zu besuchen, um ihr in den letzten Stunden des Lebens den Trost des Evangeliums zu bringen. Wie erstaunt war der Seelsorger, als er die Frau in voller Freude und Gewißheit ihres Glaubens an Jesus Christus vorfand. Auf seine Frage, wie sie diesen Frieden in Jesus gefunden habe, zeigte sie auf einen Zeitungsartikel, den sie sich ausgeschnitten hatte. Die Zeitung selbst hatte sie aus Australien geschickt bekommen. In ihr war die Predigt von C. H. Spurgeon »Sprecht von dem verborgenen Leben des guten Samens« abgedruckt. Diese Predigt war in London gehalten, per Telegraph nach Amerika gekabelt, dort in der Tagespresse veröffentlicht und von einem Leser nach Australien geschickt worden. »Zufällig«, wie wir es gewohnt sind zu nennen, wickelten Freunde dieser jetzt im Sterben liegenden Frau einige Gegenstände in der Zeitung ein, um sie ihr zuzuschicken. So kam diese gedruckte Botschaft über die großen Ozeane nach England zurück und bewirkte Heilsgewißheit im Leben dieser lieben Frau, die nun in Kürze zum Herrn heimgehen sollte. Als weiteres Zeugnis vom Segen dieser Missionstätigkeit erschien im Januar 1880 ein Artikel in »Schwert und Kelle«, in dem ein Dr. Alexander Keith über einen erfreulichen Fall berichtete. Darin heißt es: »Er ist jetzt ans Bett gefesselt und weiß, daß er nicht mehr wieder aufkommen wird. Aber keine Klage kommt über seine Lippen. Er hat die Frömmigkeit eines Heiligen und die Einfalt eines Kindes. Wenn aber durch Männer der modernen Wissenschaft die

Grundwahrheiten angegriffen werden, sieht man bei ihm das alte Feuer. Seine Hauptfreude ist, sonntags eine von Ihren Predigten zu hören, lieber Herr Verfasser. Seine Vorleserin ist ein kleines Mädchen. Er beteuert aber, er habe den besten Prediger und höre die besten Predigten in der Stadt. Er hat mich beauftragt, Ihnen seinen herzlichen Dank auszusprechen für den Segen, den Sie ihm bereiten. Außerdem bittet er mich, Ihnen zu sagen, daß, während er vor etwa drei Jahren den Winter in Schottland zubrachte, Ihre Predigten jeden Sonntag in fünf Privatzimmern der Anstalt von Kranken gelesen wurden.«

Doch verlassen wir das Mutterland England und sehen uns um, wie in anderen Teilen der Welt die Botschaft aufgenommen wurde. »Die Zirkulation in den Vereinigten Staaten von Amerika ist sehr groß, da nicht nur ganze Bände erschienen sind, sondern die Zeitungen sich auch jede wöchentlich herausgegebene Predigt als ihr Besitztum aneignen, so daß es nicht ganz leicht ist, sich sofort einen Begriff von dem Umfang ihrer Verbreitung zu machen. Es ist gut möglich, daß die Leser in den Vereinigten Staaten noch zahlreicher sind als im Vereinigten Königreich von Großbritannien und Irland. Man wird sich erinnern, daß vor ein paar Jahren ein Amerikaner anfing, jede Sonntagmorgen-Predigt über den Atlantischen Ozean zu telegrafieren, damit die Leser in mehr als einer amerikanischen Stadt am Montagmorgen lesen können, was am Tage vorher im Tabernakel gesprochen worden ist.«

Ein Brief, den Spurgeon im Jahre 1880 erhielt, zeigt, wie seine Worte Trost und Unterweisung in die entlegensten Winkel des amerikanischen Kontinents brachten.

»Vor mehreren Wochen lag ich krank, weit entfernt von London, in der Wildnis von Florida«, berichtet der Briefschreiber. »Schwach und verzagten Herzens lag ich da und grübelte über die seltsame Führung des Herrn nach, als mir einige Ihrer Predigten in die Hand gegeben wurden. Ein erfrischender Schauer belebte mich und gab mir Hoffnung und neuen Mut, und ich stand von meinem Krankenlager geheilt auf mit dem Vorsatz, dem Herrn besser zu dienen. Heute leite ich eine Bibelklasse, die ich hier in der Wildnis gebildet habe. Wir fühlen des Herrn Gegenwart, der uns mit einer Erweckung gesegnet hat, wie ich sie noch nie erlebt habe. Viele weinten

Tränen der Buße. Ich bin so voll Freude und Dankbarkeit gegen Gott, daß ich wünschte, Sie könnten den Einfluß Ihrer Predigten an Ort und Stelle sehen.«

Im Jahre 1881 legte ein Pastor aus Tennessee das Bekenntnis ab: »Vor neun Jahren war ich ein wilder junger Mann, aber ich wurde durch das Lesen von einer Spurgeonpredigt bekehrt. Jetzt bin ich Pastor einer großen Gemeinde. Der Name des Herrn sei gelobt!«

Der Herausgeber einer New Yorker Tageszeitung, der die Predigten Spurgeons regelmäßig veröffentlichte, erhielt aus den verschiedensten Bevölkerungsschichten Berichte über die einmalige Wirksamkeit der abgedruckten Predigten, die viele Menschen von ihren Sündenwegen auf den Weg der Wahrheit brachten. Große Aufmerksamkeit erregte das Zeugnis eines in der Stadt wohlbekannten Verbrechers.

»Letzte Woche starb ein sechzigjähriger früher sehr ruchloser Mann, dessen letzte zwei Lebensjahre einen auffallenden Gegensatz zu seinem vorherigen Leben boten. Seine Umwandlung war ein Wunder für die Nachbarschaft. Er war durch Trunkenheit, Fluchen, Ausschweifungen und Blutvergießen ein Schrecken des Ortes gewesen. Dann aber wurde er ein Segen für seine Umgebung, die von ihm berichtete, daß er später so sanft und freundlich wie eine Frau geworden sei. Auf seinem Totenbett wünschte dieser Mann, daß Spurgeon von seiner Veränderung in Kenntnis gesetzt würde, da dessen Predigten dazu verholfen hatten.

Im Jahre 1882 schrieb die Witwe des ermordeten amerikanischen Präsidenten Garfield an Spurgeon: »Am liebsten erinnere ich mich an einen hellen Sonntagmorgen 1867 an der Seite meines Gatten im Tabernakel. Ich saß dort und lauschte Ihren Worten. Ich habe heute morgen im Tagebuch meines Gatten den Bericht über jenen Tag durchgelesen. Eine Stelle darin dürfte Sie interessieren. Nachdem er ausführlich seine Eindrücke von der großen Versammlung, dem Prediger und der Predigt beschreibt, schließt er mit den Worten: Gott segne Spurgeon! Er hilft, das Problem der religiösen und bürgerlichen Freiheit Englands auf eine Art zu lösen, wie er es selbst nicht ahnt.«

Auch aus der Schweiz erschienen ermunternde Berichte über das Wirken des Heiligen Geistes. Eine junge Frau gab einen kurzen Bericht über die Geschichte ihrer Bekehrung: »Meine Eltern waren Mitglieder der protestantischen Staatskirche der Schweiz; aber obgleich ich an den Gnadenmitteln und an den Zeremonien teilnahm, fühlte ich doch immer, daß ich eine Heuchlerin sei, denn ich glaubte nicht an diese Dinge, sondern wünschte etwas, was ich in der Kirche nie erlangen konnte. Als ich nach England kam, las ich eine Predigt von Spurgeon, die mir guttat: die ›Reden hinter dem Pflug‹. Obgleich sie scherzhaft geschrieben waren, wurden sie mir zum großen Segen. Daraufhin kaufte ich die Predigten, las sie und kann nun glücklich bezeugen, daß ich auf Jesus Christus vertraue. Wenn ich heimkehre, werde ich die Predigten verteilen, die mir so viel Segen gebracht haben.«

Spurgeons Sohn Thomas, der bereits als ein gesegneter Missionar in Australien wirkte, schrieb an seinen Vater: »In Geelong besuchte mich ein Mann, der ein zerrissenes Tageblatt aus der Tasche zog, welches eine Predigt von C. H. Spurgeon über die ›Zugänglichkeit Jesu‹ enthielt. Dieser Predigt schrieb der Mann seine Bekehrung zu. Er lebte ungefähr zwanzig Meilen von Geelong ganz für sich allein, hatte in zwanzig Jahren höchstens vier- bis fünfmal ein Gotteshaus besucht und war dem Trunke so ergeben, daß er vom Säuferwahnsinn ergriffen wurde. Ziemlich wiederhergestellt, ohne ein menschliches Wesen in der Nähe, entdeckte er eines Tages die Predigt im Tageblatt, wodurch er zu Jesus geführt wurde.«

Spurgeons leiblicher Bruder James A. Spurgeon erzählte von einem Mann, der ein sehr ausschweifendes Leben geführt hatte, wie er durch das Lesen einer gedruckten Predigt mit dem Evangelium bekannt und von seinem Laster befreit wurde.

»Wenn ich mich nicht irre, war es eine Predigt über die eherne Schlange. Da es dem Betreffenden nicht an Mitteln fehlte und es sein Wunsch war, in irgendeiner praktischen Weise seine Dankbarkeit gegen Gott zu bezeugen, entschloß er sich, in einem Tageblatt, das in Trinkhallen und Schenken zirkulierte, wöchentlich eine Predigt des Mannes Gottes drucken zu lassen, der der Anlaß zu seiner Bekehrung geworden war. Da die Predigt als Anzeige aufgenommen wurde, war es zwar eine kostspielige Sache, aber ein Zeugnis für Gott. Es war im gewissen Sinne eine Antwort auf die Frage: Wieviel bist du dem Herrn schuldig?«

Vielleicht war es eine von den gedruckten Predigten, die der zitternde Trunkenbold in Australien gelesen hatte und die ihm zu Herzen gegangen war. Dieser Mann hat seitdem nie wieder alkoholische Getränke angerührt. »Ich kann es nicht ausdrücken, wie dankbar ich Ihrem Vater bin und dachte, die beste Weise, den Vater zu ehren, sei für mich die, dem Sohne zu erzählen, welchen Segen das gedruckte Wort bei mir hinterlassen hat«, sagte er zu Thomas Spurgeon.

Spurgeon hatte Jahre zuvor die Genehmigung zum Abdruck dieser Predigten für Australien gegeben. »Mit meiner Erlaubnis wurden die Predigten als Anzeigen in verschiedene australische Tageblätter aufgenommen. Ein gewisser Herr verausgabte dafür allwöchentlich eine Summe, die ich kaum zu nennen wage, weil sie unglaublich erscheint. Dadurch wurden sie bis weit in den Busch hinein gelesen, und nie wurde mehr Erfolg offenbar. Auf die Frage, ob mit dem Druck der Predigten in Anzeigenform fortgefahren werden sollte, gingen zahlreiche Briefe ein, die alle von dem Segen zeugten, der von diesen Anzeigen in den Tageblättern ausging. Eine Auswahl dieser Briefe wurde mir zugesandt, und mein Herz hüpfte vor Freude, wenn ich von den wunderbaren Bekehrungen las. Außerdem kamen an meine Adresse viele Briefe, die zeigten, daß die rauhen Bewohner der Wildnis froh waren, in ihren Zeitschriften die beste aller Nachrichten, nämlich die Geschichte von der durch Blut erkauften Vergebung zu finden.«

Auch aus Südamerika erfuhr man von den Auswirkungen der segensreichen Predigten Spurgeons. Ein Kirchenältester berichtete seinem Pastor einen interessanten Vorfall. »Ein Engländer war in einer Stadt Südamerikas als Ingenieur tätig. Umgeben von Portugiesen, sah er selten einen Landsmann, hörte jedoch gelegentlich, daß im dortigen Gefängnis ein zu lebenslänglicher Haft verurteilter Engländer seine Strafe abbüße. Er entschloß sich, den Gefangenen aufzusuchen und von der Sünderliebe Gottes zu ihm zu reden. Nach erlangter Erlaubnis ging er ins Gefängnis und sprach sofort durch das eiserne Gitter mit ihm. Der Gefangene erzählte, vor einigen Jahren habe ihn mit der gleichen Absicht ein Landsmann aufgesucht und einige Novellen zurückgelassen. Zwischen diesen sei eine Predigt gewesen, die C. H. Spurgeon 1856 in der Exeter-Hall gehalten habe. Der Gefangene hatte die Predigt gelesen. Sie handelte von der Errettung der allergrößten Sünder und bezog sich auf den Mörder William Palmer, über den seinerzeit das Todesurteil ausgesprochen worden war. Die Worte dieser Predigt waren ihm zu Herzen gegangen. Sofort hatte er sich in seiner Zelle niedergekniet, Gott um Gnade angerufen und die Gewißheit erhalten, daß Gott ihm um Seines Sohnes willen alle Sünden vergeben habe. Da er ja keine Aussicht auf Freiheit habe, freue er sich nun desto mehr auf die himmlische Herrlichkeit, die ihm im Evangelium angeboten werde.«

Der heute in politischem Aufbruch begriffene Kontinent Afrika wurde im vorigen Jahrhundert unter großen Strapazen evangelisiert. Und doch gelangten die Predigten von C. H. Spurgeon bis in das Innerste des damals noch wenig erforschten Erdteils. Kein Geringerer als der weltbekannte Missionar und Forscher David Livingstone, der als erster den dunklen Kontinent durchquerte, las in der ungeheuren Einsamkeit der urwüchsigen Landschaft die Botschaft Gottes. Nach seinem Tode wurde in seinem Koffer die Predigt »Unfälle und Strafen« vergilbt und zerknittert gefunden. Oben, an den Anfang der Predigt, hatte Livingstone eigenhändig an den Rand geschrieben: »Sehr gut! D. L.«

Aus Südafrika sogar erhielt Spurgeon Berichte über den großen Segen, den seine Predigten dort bei den schwer geplagten und versklavten Eingeborenen verbreiteten.

»Port Elizabeth, Südafrika

Lieber Herr!

Ich weiß nicht, wie ich in diesem Augenblick meine Freude und meine Gefühle beschreiben soll. Wir haben uns zwar nie persönlich gesehen, aber es besteht eine geheime Verbindung zwischen Ihnen und mir, die mich veranlaßt, die wenigen Zeilen an Sie zu richten.

Eines Tages, als ich an meine tägliche Arbeit ging, traf ich einen Freund. Wir sprachen über das Wort Gottes, und er fragte mich, ob ich je eins von Spurgeons Büchern gesehen habe. ›Wer ist Spurgeon?‹ fragte ich.

›Einer der freikirchlichen Prediger in London.‹ Ich sagte: ›Nein, ich habe nie in meinem ganzen Leben ein solches Buch gesehen!‹ Er sagte, er habe es von dem Buchhändler gekauft. Ich fragte nach dem Namen des Buches, ging sofort zu dem Laden und kaufte es ebenfalls. Ich habe schon ziemlich viel davon gelesen. Beim Lesen gelangte ich an die Stelle, wo Hiob sagt: ›Ob er mich gleich schlägt, will ich ihm doch trauen.‹ Ich weiß, ich kann nicht beschreiben, wieviel Gutes Sie uns schwarzen Leuten in Südafrika getan haben. Wir sind schwarz, nicht nur von außen, sondern auch von innen; es würde mich aber nicht kümmern, wenn ich nur an Farbe schwarz wäre. Es ist etwas Schreckliches, ein von der Fußsohle bis zum Scheitel schwarzer Mensch zu sein, und doch kann ich mit Freuden sagen, daß Ihre Predigten mir gutgetan haben. Möge der Herr Ihre Bemühungen segnen und Ihr Werk gedeihen lassen! Möge es Ihm gefallen, durch Sie viele Söhne für die Herrlichkeit zu gewinnen, nicht nur in London, sondern auch in Südafrika!«

Überaus große Freude bereitete es Spurgeon, zu erfahren, daß selbst in den großen Weiten Rußlands das Evangelium aufgrund seiner Predigten sich wie ein Lauffeuer verbreitete. Der englische Schriftsteller G. Holden Pike schrieb damals: »Das ungeheuer große russische Reich, das der Heiligen Schrift in einer Vielzahl von Sprachen bedarf, ist schon für sich allein eine eben nicht kleine Welt. Zu Beginn dieses Jahrhunderts, als die Bibelgesellschaft ihre große Mission startete, war der fromme Kaiser Alexander einer der Hauptschutzherren dieses Werkes. Obgleich die Religion während der Herrschaft des Kaisers Nikolaus in ihrem Fortschritt gehemmt wurde, hat doch seitdem eine Wiederbelebung christlicher Tätigkeit stattgefunden, und die Verbreitung von Spurgeons Predigten ist eins der Zeichen der Zeit.« Ein Prediger in St. Petersburg schrieb im Jahre 1881 an ihn: »Durch Ihre Schriften haben Sie einen Anteil an dem großen Werk, das Reich Christi in Petersburg und im Innern Rußlands auszubreiten. Sie sind sehr bekannt unter den Priestern, die sich in den Besitz Ihrer Predigten zu bringen scheinen; und, so sonderbar es klingt, ich kenne Fälle, wo der Zensor bereitwillig Erlaubnis zur Übersetzung Ihrer Schriften gegeben hat, während er sich bei vielen anderen Büchern abgeneigt zeigte.« Ein anderer Freund in der russischen Hauptstadt machte es sich zur Aufgabe, so viele von den Übersetzungen zu verbreiten, wie er sie sich nur verschaffen konnte, und am begierigsten schienen die Priester sie anzunehmen.

Ein anderer Glaubensbruder aus Rußland schrieb im Jahre 1880: »Ich kam vor ungefähr vierundzwanzig Jahren in dieses Land und bin seitdem stets in verschiedenen Teilen des Innern umhergereist . . . Ich habe eine Frau und acht Kinder. Vor einigen Wochen erzählte ich ihnen von Ihrem Waisenhaus und suchte ihr Interesse dafür zu wecken. Das Ergebnis war, daß ich zu ihrer Sparkasse gehen und drei Rubel und vierzig Kopeken als einen Beitrag der Kinder herausnehmen durfte. Wir haben diese Summe nun auf fünfundfünfzig Rubel erhöht, die Ihnen von St. Petersburg aus in einem Wechsel zugeschickt werden sollen.«

Von Warschau schrieb ein Herr Newton, der zu der deutschen Baptistenmission gehörte: »Ich habe während der letzten Wochen eine Anzahl Baptistengemeinden in Schlesien und im russischen Polen besucht, und ich denke, es wird Sie interessieren, von ihrer christlichen Tätigkeit und ihrem Glauben zu hören. Fast in jeder Stadt und in jedem Dorf war eine der ersten an mich gerichteten Fragen: Wie geht es Bruder Spurgeon? In vielen der entlegenen Stationen, die keinen fest angestellten Pastor haben, werden Ihre Predigten regelmäßig gelesen, und gewiß werden Sie unserem gemeinsamen Herrn dankbar sein, wenn Sie erfahren, daß hier in Polen und anderswo viele der Gemeindemitglieder ihre erste religiöse Erweckung dem Vorlesen dieser Predigten zuschreiben.«

In dem sogenannten Subkontinent Indien wurden die Predigten mit ebenso großem Interesse aufgenommen. Ein Brahmane, Angehöriger der Universität in Madras, dem die Predigt Nr. 1500 geschenkt worden war, schrieb an einen seiner Freunde darüber folgende Kritik: »Die paar Minuten, die ich täglich mit dem Lesen dieser Predigten zugebracht habe, waren sehr angenehm. Ich habe stets Dr. Spurgeon für den besten Redner gehalten. Ich sehe, daß sogar der Beste noch besser werden kann; wie Dr. Spurgeon alle anderen Prediger übertrifft, so übertrifft seine 1500. Predigt alle seine anderen. Ich bezweifle sehr, ob er selber eine zweite so gute Predigt halten kann, aber damit gehe ich sicher zu weit. Ich beneide diejenigen, die Dr. Spurgeon predigen hören.«

Der englische Oberst Morton erwähnt in einem Brief: »Wie oft haben wir Soldaten, wenn wir in Indien oder anderen Ländern nach langem Marsch unter Bäumen lagerten, uns an einer Predigt von Ihnen erquickt! Das war uns deshalb so wertvoll, weil wir oft im Umkreis von Hunderten von Meilen kein Gotteshaus antrafen.«

Überall in der Welt lasen Menschen, reiche und arme, religiöse und gottlose, die Predigten des Fürsten unter den Predigern. Im Flachland wie auch im Gebirge, in der Wüste oder im Dschungel, an Orten von größeren Menschenansammlungen wie in unscheinbaren Höhlen wurde das Wort Gottes durch diese Predigten lebendig. Selbst auf den ungeheuer weiten Ozeanen widmete man sich dieser Schriften. Pastor A. Brown erzählte einst seiner Gemeinde die Geschichte einer Bekehrung mitten auf dem Meer:

»Eines Tages kam hier ein kräftig aussehender Mann zu mir. Ich brauchte nicht zu fragen, ob er seinen Beruf auf dem Wasser ausübe, denn der Seewind hatte eine Spur auf seiner Stirn zurückgelassen. Ich fragte ihn: ›Wo haben Sie den Herrn gefunden?‹ Sofort antwortete er: ›Breite 25, Länge 54.‹ Ich bekenne, daß mich diese Angabe etwas in Verlegenheit brachte. Ich hatte von Leuten gehört, die Jesus Christus in den Galerien oder unten in den Gängen gefunden hatten, aber dies war etwas ganz anderes. ›Breite 25, Länge 54?‹ ›Was meinen Sie damit?‹ Er erwiderte: ›Ich saß auf dem Deck und zog aus einem Bündel Papiere vor mir eine von Spurgeons Predigten heraus. Ich fing an, sie zu lesen. Während ich las, sah ich die Wahrheit und nahm Jesus in mein Herz auf. Ich sprang von dem Taugewinde auf, *errettet!* Ich dachte, wenn ich mich auf dem Lande befände, so würde ich genau wissen wollen, wo ich errettet worden bin; warum sollte ich es nicht auch auf der See wissen können? Deshalb maß ich die Länge und Breite.‹«

Tatsächlich, man kann weder die Länge, noch die Breite, noch die Tiefe oder die Weite der Liebe Gottes messen, mit der Er Seine Kinder ruft. Von dieser Liebe durchdrungen blieb Spurgeon bis an sein Lebensende ein unermüdlicher Schriftsteller im Dienste seines Meisters Jesus Christus. Er blieb der Vision getreu, die er schon am Anfang seiner Laufbahn in einer Predigt am 7. Oktober 1855 beschrieb: »Oh, der Gedanke, daß wir Bücher schreiben und drucken dürfen, die die Herzen verlorener Sünder erreichen! Neulich wurde meine Seele außerordentlich froh durch die Einladung einer frommen Frau, ihr einen Besuch abzustatten. Sie erzählte, daß sie schon zehn Jahre auf ihrem Bett läge und nicht imstande sei, sich davon zu erheben. ›Neun Jahre‹, sagte sie, ›war es in mir dunkel, und ich war blind und gedankenlos, aber mein Mann brachte mir eine Ihrer Predigten. Ich las sie, und Gott legte Seinen Segen darauf, so daß meine

Augen geöffnet wurden. Er bekehrte dadurch meine Seele und nun liebe ich Seinen Namen. Ihm sei dafür alle Ehre! Jeden Sabbatmorgen warte ich auf Ihre Predigt, ich lebe die ganze Woche davon, sie ist für mich ›Mark und Fett‹! – Ah, dachte ich, das ist etwas, was die Drucker und uns alle ermuntern wird, die wir an diesem guten Werk arbeiten.«

»Ein guter Bruder schrieb mir in dieser Woche: ›Bruder Spurgeon, behalten Sie Ihren Mut. Man kennt Sie in einer Menge von Häusern in England und liebt Sie. Obgleich wir Sie nicht hören und Ihre Gestalt nicht sehen, sind Ihre Predigten doch in unseren Dörfern verbreitet; und ich weiß, daß sich dadurch mehr Menschen bekehrt haben, als ich Ihnen erzählen kann.«

Die Liebe zu Gott macht erfinderisch. Wie einfallsreich Spurgeon in bezug auf die Mittel zur Ausbreitung des Evangeliums und die Errettung vieler Menschen für Jesus war, soll ein letzter Beitrag in diesem Kapitel beleuchten.

»Während der Konferenz des ›Pastors College‹ im Jahre 1889 betete einer der Brüder sehr inbrünstig um die Bekehrung der Kinder der anwesenden Prediger. Spurgeon war von diesem Gebet tief ergriffen und bot sich an, jedem Predigerkind einen Brief zu schreiben, dessen Namen und Adresse man ihm angebe. Es wurden zwei Briefe entworfen, einer für jüngere und einer für ältere Prediger-Söhne und -Töchter. Letzterer lautete wie folgt!

Westwood, Norwood

Oh, Herr, segne diesen Brief!

Mein lieber . . .

Vor einiger Zeit nahm ich an einer Gebetsversammlung teil, zu der sich eine große Anzahl Prediger eingefunden hatte. Der Gegenstand der Gebete war: *Unsere Kinder!*

Als ich diese guten Väter für ihre Söhne und Töchter beten hörte, traten mir Tränen in die Augen. Als sie den Herrn weiter anflehten, ihre Kinder zu erretten, wurde mein Herz von dem brennenden Wunsch erfüllt, daß diese Gebete Erhörung finden mögen. So kam mir der Gedanke, diesen Söhnen und Töchtern zu schreiben und sie an die Gebete ihrer Väter zu erinnern.

Lieber . . ., Du bist sehr bevorzugt, daß Du Eltern hast, die für Dich beten. Dein Namen ist in den Vorhöfen des Himmels bekannt. Deine Lage ist vor den Thron Gottes gebracht worden. *Aber betest Du auch selbst?* Wenn nicht, weshalb nicht? Wenn andere Deine Seele schätzen, kann es dann recht sein, wenn Du sie vernachlässigst? Alles Flehen und Ringen Deines Vaters wird Dir nichts nützen, wenn Du selbst nicht den Herrn suchst. Du weißt das. Es ist nicht Deine Absicht, der lieben Mutter und dem treuen Vater Kummer zu bereiten, aber Du tust es. Solange Du nicht gläubig bist, können sie nicht ruhen. Wie gehorsam, wie liebenswürdig und freundlich Du auch sein magst, sie können sich nicht über Dich freuen, bis Du an den Herrn Jesus Christus glaubst und so die ewige Seligkeit findest.

Bedenke auch, wie viel Du schon gesündigt hast, und daß nur Jesus Dich reinwaschen kann. Wenn du älter wirst, magst Du vielleicht sehr gottlos werden; aber nur der Herr Jesus kann durch Seinen Heiligen Geist Deinen Sinn ändern und Dich erretten. Du brauchst, was Vater und Mutter für Dich suchen, und zwar jetzt. Warum willst Du es denn nicht gleich suchen? Ich hörte einen Vater beten: ›Herr, rette unsere Kinder, rette sie, während sie noch jung sind!‹ Es ist nie zu früh, errettet und ein glückliches und geheiligtes Gotteskind zu werden. Es ist dem Herrn Jesus eine Freude, die Jugend anzunehmen . . . – Ich bitte Dich, denke an Himmel und Hölle, denn in einem von beiden wirst Du auf ewig wohnen. *Begegne mir im Himmel!* Begegne mir aber auch bereits jetzt am Gnadenthron! Geh in Dein Kämmerlein und bete zu dem großen Vater durch Jesus Christus.

Dein Dich innig liebender   C. H. Spurgeon

Krankheit und letzte Tage

Seit Jahren litt Spurgeon an Anfällen von Rheumatismus und Gicht. Hohes Fieber und fast unerträgliche Schmerzen zwangen ihn, oft wochenlang im Bett zu liegen. Mehrmals versuchte er durch Luftveränderung im milden Klima Südfrankreichs Besserung und Heilung zu finden. In dem kleinen, sehr reizvollen südfranzösischen Städtchen Menton bezog er wiederholt sein Winterquartier. Hier, in diesem wunderschönen Kurort am Mittelmeer, vollendete er viele seiner literarischen Arbeiten. Auch traf er dort Freunde und Mitstreiter am Evangelium, wie den bekannten Waisenvater Georg Müller aus Bristol und den Präsidenten des Asyls für Epileptiker, Schwachsinnige und geisteskranke Patienten in La Force.

Ein Aufenthalt in Menton bedeutete jedoch für Spurgeon keine absolute Ruhezeit oder Untätigkeit. Im Gegenteil, durch das wohltuende Klima begünstigt, eiferte er seinem himmlischen Meister nach und arbeitete ohne Unterlaß. Während in London naßkalte Wintertemperaturen herrschten, konnte der unermüdliche Schriftsteller viele seiner geistlichen Werke im ersten Sonnenschein des Frühlings und beim Blühen der Zitronenbäume vollenden. Immer wieder von neuem überwältigt erfreute sich der leidende Meister an des Schöpfers grenzenloser Vielfalt und dem prachtvollen Blühen im Frühling. Vom März an hatte die Sonne in jener Landschaft so viel Kraft, daß sie von keiner zeitweiligen Rückkehr eines Winters verdrängt werden konnte. In den Tälern und auf den Höhen sproßten exotische Pflanzen und Blumen in einmaliger Schönheit und Üppigkeit. Diese Pracht gab dem Gast aus dem düsteren und nebligen London stets neue Hoffnung. Allerdings fand er keine Heilung von dieser chronisch gewordenen Krankheit, bestenfalls Linderung. Als im Jahre 1890 zu seinen üblichen Beschwerden auch noch heftige Kopfschmerzen sowie Fieber und Schlaflosigkeit hinzukamen, meldete sich rasch das relativ frühe Ende seines Lebens an.

»Alle Nerven sind in Flammen; die rechte Hand versagt ihren Dienst, ich muß versuchen, mit der linken zu schreiben«, klagte der Patient. Noch einmal konnte der Fürst unter den Predigern am 11.

Juni 1890 vor über zehntausend Zuhörern predigen. »Ich hätte lieber geweint als gepredigt, ich war so krank wie nie zuvor«, sagte er zu einem seiner Freunde.

Im darauffolgenden Winter reiste er wieder nach Menton. Die Gemeinde wünschte ihm einen längeren Aufenthalt. Sein Zustand besserte sich auch vorübergehend. In einem Brief an seine Frau taucht nochmals sein altbekannter Humor auf. Seine Handschrift war recht undeutlich, denn er mußte mit der ungeübten Linken schreiben. Unter anderem schrieb er: »Ich hoffe, daß bald die Zeit wieder kommen wird, wo ich Dich um Deine Hand bitten kann!«

Am 8. Februar 1891, kurz nach seiner Rückkehr aus Menton, predigte er in London. Auch die seelsorgerlichen Sprechstunden für Trostsuchende nahm er wieder wahr, doch der Dienst wurde ihm immer schwerer. Zeitweilig geriet er darüber in tiefste Depressionen.

Die Konferenz im »Pastors College«, in der er eine kraftvolle Ansprache über das Thema: »Der größte Kampf in der Welt« hielt, hatte sehr an seinen Kräften gezehrt. Die Anforderungen an Geist, Seele und Leib waren so groß gewesen, so daß er von starken Herz- und Kopfschmerzen heimgesucht wurde. Als er am darauffolgenden Sonntag im Tabernakel sprechen wollte, versagten ihm die Nerven, so daß er sich schnellstens wieder zurückziehen mußte. Der bekannte Prediger Stott, der glücklicherweise zu diesem Gottesdienst anwesend war, vertrat ihn daraufhin. Einige Wochen noch kämpfte Spurgeon mutig auf dem Schlachtfeld des Geistes. Seine letzte öffentliche Predigt hielt er am 7. Juni 1891. Er richtete einen letzten Appell an die Streiter Christi in der versammelten Gemeinde.

»Wenn du die Uniform Jesu trägst, wirst du bald entdecken, daß Er sanftmütig und von Herzen demütig ist und daß man bei Ihm Ruhe findet für seine Seele. Seinesgleichen hat es unter den Heerführern nie gegeben. Du wirst Ihn immer dort finden, wo der Kampf am heftigsten tobt. Wenn der Wind kalt bläst, wird Jesus immer die kälteste Stelle wählen. Er wird immer das schwerste Ende des Kreuzes auf Seine Schultern nehmen. Wenn Er uns befiehlt, das Kreuz auf uns zu nehmen, so dürfen wir gewiß sein, daß Er es tragen will. Wenn es irgend etwas gibt, was gnädig, edel, freundlich und zart ist, ja reichlich und überschwenglich an Liebe – du wirst es immer bei Ihm finden! Ihm zu dienen ist Leben, Friede und Freude! Oh, daß du dies alles jetzt annehmen möchtest! Möge Gott dir helfen, daß du deinen Namen in die Liste der Bannerträger Jesu Christi einträgst!«

Nach dreißigjähriger Tätigkeit im Tabernakel, bei der er schätzungsweise zwanzig Millionen Menschen mit dem Evangelium erreicht hatte, schwieg hier der Mund, dessen schönste Aufgabe es gewesen war, an diesem Ort das Reich seines großen Königs Jesus Christus zu verkündigen.

Spurgeon reiste noch einmal aufs Land, um in Stambourne Ruhe und Erholung zu finden. Dort überfiel ihn eine schwere Grippe, die zu dem Rheumatismus und der Gicht noch ein schmerzhaftes Nierenleiden mit sich brachte. Sein Zustand wurde so besorgniserregend, daß am 24. Juni die beiden bekannten Ärzte Dr. Joseph Kidd und Dr. R. M. Miller herbeigerufen werden mußten.

»Anfangs Juli war allem Anschein nach das Nierenleiden überwunden. Trotzdem litt der Patient noch unter starken Schmerzen. Am Abend des 4. Juli, einem Sonnabend, stellte sich das Phantasieren, das seit einigen Tagen gewichen war, wieder ein, und es wurde klar, daß die Krankheit in ein bedenkliches Stadium getreten war. Von dieser Zeit an schlief Dr. Miller wochenlang jede Nacht in ›Westwood‹, während Dr. Kidd stets morgens zur Konsultation kam.«

Über den geistlichen Kampf des Patienten während dieser Zeit größter Anfechtung las man folgendes in der Zeitschrift »Schwert und Kelle«: »Zwischendurch drang ein freundlicher Hoffnungsstrahl durch die dichte Finsternis, die das Krankenzimmer umgab; aber diesem Hoffnungsstrahl folgten Augenblicke der peinlichsten Spannung, in dem das teure Leben am Rande der Ewigkeit zu sein schien. Alles, was ärztliche Kunst, geduldiges Wachen und sorgsamste Pflege aufzubieten vermochten, blieb eine Zeitlang anscheinend ohne den erwünschten Erfolg.«

Drei Monate lang lag Spurgeon fest im Bett. Die Gemeinde betete Tag und Nacht für ihren Hirten. Tausende versammelten sich im Tabernakel, um vor Gott Fürbitte für den Kranken einzulegen. Wochenlang beteiligten sich nicht nur Christen aller evangelischen

Kirchen Englands an den Bittgottesdiensten, sondern auch Missionare aus aller Herren Länder. Die täglichen Gebetsstunden im Tabernakel wurden fortgesetzt, bis Spurgeon reisefähig war, um dieses Mal mit seiner lieben Frau zusammen nach Menton fahren zu können. In diesen Gebetszeiten offenbarte sich ein einmaliger Beweis von der wirklichen Einheit der Gemeinde Jesu Christi. Sogar die allgemeine weltliche Presse veröffentlichte lange Artikel über den Zustand des bekannten Predigers. Der englische Kronprinz, der Prinz von Wales, sowie viele Vertreter der Öffentlichkeit mit Rang und Namen erkundigten sich regelmäßig nach seinem Befinden. Bekundungen größter Sympathie aus allen gesellschaftlichen Schichten erreichten den Kranken in unzähligen Briefen, telegrafischen Depeschen und persönlichen Besuchen.

Unter den zahlreichen an dem Schicksal Spurgeons anteilnehmenden Personen befanden sich u. a.: der Herzog von Argyll, der Marquis von Harlington, Graf und Gräfin von Aberdeen, Graf Fortescue, einzelne Führer von Kirchen und Religionsgemeinschaften, die Erzbischöfe von Canterbury und York, sowie andere namhafte Bischöfe, die alle dem »geliebten Prediger und Bruder in Christo« ihr Mitfühlen bekundeten. Selbst die jüdische Gemeinde Englands, vertreten durch ihren Hauptrabbiner Dr. Hermann Adler, nahm fürbittend Anteil an seinem Leiden. Der englische Ministerpräsident Gladstones, der einst ein Besucher der Gottesdienste in Spurgeons Gemeinde war und damals der »Bismarck Englands« genannt wurde, schrieb tröstende Worte, obwohl er selbst gerade einen Sohn verloren hatte und in Trauer war:

»Liebe Frau Spurgeon!

In meinem Heim, das augenblicklich voll Trauer ist, habe ich mit großem Interesse täglich die Berichte über Herrn Spurgeons Krankheit verfolgt und möchte es nicht unterlassen, Ihnen und Ihrem Gatten meine aufrichtige Teilnahme zu versichern und meine herzliche Bewunderung auszusprechen, nicht nur seiner herrlichen Gaben wegen, sondern vor allem seines frommen, unerschütterlichen Charakters willen. Indem ich Sie beide in allen Prüfungen der unendlichen Fülle der göttlichen Liebe und Barmherzigkeit anbefehle, verbleibe ich, liebe Madame,

Ihr ergebener W. E. Gladstones«

Spurgeon war überwältigt von der Liebe, die ihm in dieser schweren Zeit entgegengebracht wurde. Er bedankte sich öffentlich in seiner Zeitschrift:

»Ich bin nicht imstande, jedem einzelnen der Tausenden von Freunden aus allen Ständen und Religionen, die während der dunklen Tage meiner Krankheit meiner Gattin teilnehmende Briefe zugesandt haben, ein Dankesschreiben zukommen zu lassen; ich möchte aber in bestmöglichster Weise allen meinen herzlichsten Dank aussprechen. Meiner teuren, bekümmerten Frau sind durch Gottes Segen die freundlichen Worte von überallher ein unaussprechlicher Trost gewesen. Ich war zu krank, um viel davon zu hören, aber jetzt, da es mir besser geht, füllt das Lesen dieser freundlichen Worte meine Augen mit Tränen und mein Herz mit Staunen und Dankbarkeit. Wahrlich, tief im Innern der Gemeinde Gottes besteht eine Gemeinschaft, die bei passenden Gelegenheiten offenbar wird. Daß ich die Gelegenheit dazu bieten sollte, überwältigt mich. Manche dieser herzlichen Liebesbezeugungen kommen von Personen, die kirchlich von mir getrennt sind. Trotzdem sind sie so innig, als ob wir in jedem Punkte übereinstimmten, und darum um so wahrer und köstlicher. Brüder und Schwestern in Christo! Der Herr vergelte einem jeden von Euch hundertfach Eure zarte Rücksicht gegenüber einem, der, abgesehen von seinem großen Leiden, keinerlei Anspruch auf so große, allgemeine Teilnahme hat. Es ist ferner meine erfreuliche Aufgabe, den zahllosen Freunden zu danken, die mir zwar nicht geschrieben, jedoch fürbittend meiner gedacht haben. Durch Gebet bin ich vom Tode errettet worden. In vielen Fällen war das Gebet von einem zuversichtlichen Glauben begleitet, und dies ist das sichere Zeichen ihrer Wirksamkeit. Die Nachricht, daß unbekannte Freunde ganze Nächte in der Fürbitte für mich zubrachten und daß zahlreiche Gemeinden besondere Gebetsversammlungen für mich veranstalteten, hat mich sehr erfreut und mich veranlaßt, auch in den allerschwersten Stunden zu sagen: ›Ich werde nicht sterben, sondern leben und des Herrn Werk verkündigen!‹ Möge ein jeder, der so liebend meiner gedacht hat, in zukünftigen Trübsalsstunden von unserem großen Vater getröstet werden! Dies ist mein inbrünstiges Gebet.   C. H. Spurgeon«

Die Ärzte veröffentlichten täglich ein Bulletin. Im Tabernakel vertrat ihn Dr. Pierson aus den Vereinigten Staaten von Amerika. Am

29. Oktober erreichte Spurgeon den Kurort Menton, nach fünfundzwanzig Jahren zum erstenmal zusammen mit seiner geliebten Frau Susi. Durch die freundliche Fügung Gottes durften sie als Ehepaar das kleine »irdische Paradies« voll der herrlichen Naturschönheiten miteinander genießen. Es war die erste und auch letzte gemeinsame Fahrt, die sie unternehmen konnten. Wie dankbar Frau Susi ihrem Gott war, ihren Mann an den Ort begleiten zu können, an dem er von dem irdischen in das himmlische Paradies hinüberwechselte, entnehmen wir einem nach Spurgeons Heimgang geschriebenen Brief: »Etwas muß ich Euch schreiben, was mich in meinem tiefen Schmerz sehr getröstet hat; es wird mir stets eine köstliche Erinnerung und ein Gegenstand zum Lobe Gottes bleiben. Es mag auch Euch erfreuen, eine solche Versicherung aus meiner Feder zu erhalten. Der Herr hat uns beiden in so zarter Liebe hier in Menton drei Monate vollkommenen irdischen Glückes geschenkt, ehe Er meinen Gatten in jenes bessere Land zu sich in Seine Herrlichkeit genommen hat. Seit fünfzehn Jahren war es der Herzenswunsch meines Geliebten, mich hierher zu bringen, aber es schien nicht möglich. Endlich wurden wir beide zu der langen Reise gestärkt und sein Herzenswunsch erfüllt. Es ist unmöglich, den Stolz und die Freude zu beschreiben, die ihn erfüllten, als er mich mit seinen Lieblingsplätzen vertraut machte, und den Eifer zu schildern, mit dem er mich auf jede liebliche Aussicht auf Berg und Tal sowie auf Meer und Landschaft aufmerksam machte. Ihn hungerte nach meiner liebevollen Bewunderung, und ich befriedigte dieses Verlangen voll und ganz. Wir machten täglich lange Fahrten; jeder Ort, den wir besuchten, war ein neuer Triumph für ihn. Seine Freude war außerordentlich groß. Sein Aussehen schien ganz gesund, und er war so heiter, wie nur in seinen besten Tagen. Mit welch stiller, inniger Freude saß er Tag für Tag in einem behaglichen Eckchen seines sonnigen Zimmers, beschäftigt mit seiner letzten Liebesarbeit, dem ›Kommentar zum Evangelium des Matthäus‹! Keine Sorge drückte ihn, kein Kummer lastete auf seiner Seele, nicht ein Wunsch blieb ihm unerfüllt. Ehe er ins himmlische Paradies versetzt wurde, durfte er in den Genuß eines irdischen Paradieses kommen. Gelobt sei der Herr für diese lieblichen Erinnerungen sowie für solch zarte Linderung der Wunden, die hier auf Erden nie ganz geheilt werden können! Bis zu den letzten zehn Tagen seines kostbaren Lebens schien seine Gesundheit, wenn auch langsam,

wiederzukehren. Wir hofften sehr auf eine völlige Genesung, und er selbst glaubte, daß es ihm vergönnt sein würde, noch länger seiner teuren Gemeinde sowie unerretteten Menschen den unerforschlichen Reichtum Christi zu verkündigen.«

Gott hatte dem unerschrockenen Streiter des Evangeliums noch eine schöne Zeit geschenkt, um seiner treuen Gehilfin Dank zu sagen für alles Gute und Liebe und alle Entbehrungen, die sie in den Jahren seines restlosen Einsatzes für das Reich Gottes auf sich genommen hatte.

Der Januar des Jahres 1892 brachte dem englischen Volk einige Hiobsbotschaften. Der junge Prinz Albert Viktor starb kurz vor der geplanten Hochzeit, in der Blüte seines Lebens, an einer gefährlichen Grippe. Während noch die Trauerglocken für ihn läuteten, ging der beliebte Kardinal Manning in die Ewigkeit.

Spurgeon hatte am Silvesterabend vor seinen Freunden im Hotel eine ergreifende Andacht gehalten. Zum Neujahrsmorgen waren sein Freunde erneut zusammengekommen, und Spurgeon sprach sitzend zu ihnen, doch kürzer als am Tag vorher. »Möge der Herr dieses ganze Jahr hindurch mit euch sein! Amen.« So lauteten seine letzten Worte an diesem Morgen. Aus einem von ihm begonnenen und unter seiner Anleitung fortgeführten Tagebuch können wir noch in die letzten Tage seines Erdenlebens Einblick erhalten.

9. Januar 1892

Spurgeon brachte die Revision des Manuskriptes einer Predigt über Psalm 105, Vers 37 »Ein Loblied der Befreiung« zu Ende. Wohl nie hat er mit größerer innerer Ruhe und Freudigkeit eine Predigt durchgesehen wie diese. Die Feder schien über die Seiten zu fliegen. Hin und wieder ließ er sie ruhen, um uns von den Freudenglocken zu erzählen, die bei der Erinnerung an die herrlichen Wunderwerke Jehovas in seiner Seele ertönten. Wer hätte ahnen können, daß er nie wieder eine Predigt revidieren werde!

10. Januar

Im Laufe der diesem Sabbattag vorangegangenen Woche kamen verschiedene neue Gäste im Hotel an, und weil man nicht sicher war, ob allen das Singen und Beten im Salon angenehm sei, wurden die Freunde eingeladen, sich nach Tisch im Wohnzimmer Spurgeons einzufinden. Dieser Einladung folgend, erschienen neunzehn Personen. Es war eine köstliche Segensstunde. Spurgeon las mit kurzen Erklärungen Psalm 78 und anschließend einen Teil seiner gedruckten Predigt über den 28. Vers dieses Psalms.

15. Januar

Ein Tag der Freude und der Trauer: Frau Spurgeons Geburtstag, an dem sich das Gerücht vom Tode des Prinzen als nur zu wahr bestätigte. Eingedenk der freundlichen Erkundigung des Prinzen von Wales während Spurgeons Krankheit sprach dieser den betrübten Eltern auf telegrafischem Wege seine Teilnahme aus und war sehr erfreut, auf demselben Wege die Antwort zu erhalten: »Herzlichen Dank!«

17. Januar

Heute nachmittag, während Spurgeon mit dem Aussuchen der Lieder beschäftigt war, sagte er: »Ich habe vor, diesen Abend eine kurze Ansprache zu halten.«

Die Freunde versuchten jedoch, ihn zu überreden, etwas von seinem Geschriebenen vorzulesen. Er meinte zwar, es sei viel schlimmer für ihn, müßig zu sein, gab jedoch ihren Vorstellungen nach. Er schloß diese Abendandacht, die letzte, die er auf Erden leitete, mit einem besonders inbrünstigen Gebet.

20. Januar

Diesen Morgen fuhr Spurgeon nach Monti. Es war seine letzte Ausfahrt. Abends hatte er so heftige Gichtschmerzen in der Hand, daß er früh zu Bett ging. Er hat es nie wieder verlassen können. Am folgenden Tage wurde der geliebte Kranke von Gichtschmerzen im Kopf heimgesucht, die seinen Zustand sehr bedenklich machten. Die sorgfältigste Pflege tat not. Niemand ahnte, daß die Krankheit in so Bedenken erregender Gestalt auftreten würde; der Kranke selbst aber versicherte den ihn umringenden Freunden, es seien die alten Kopfschmerzen, und er befürchte, er werde wieder ebenso krank werden, wie er es vor dem Sommer in Westwood gewesen war. In den folgenden Tagen lag der Schwerkranke oft in tiefer Bewußtlosigkeit. Dr. Fritz Henry bot alles auf, um das Leben des hochgeschätzten Mannes zu erhalten. Seine Ehefrau und die ihm nahestehenden Freunde pflegten ihn mit größter Hingabe. Leider konnte er niemandem mehr ein Wort des Abschieds sagen, da er ohne Bewußtsein dalag. Am Sonntag, dem 31. Januar 1892, war der gesegnete Erdenlauf des Fürsten unter den Predigern beendet. Sanft entschlief er nachmittags um 17.11 Uhr. Niemand bemerkte etwas Besonderes an ihm, weder eine Erregung noch irgendeine Verzükkung. Seine Frau und vier Freunde erlebten das stille Aushauchen seiner Seele. Unbeweglich lag der breite, kompakte Körper in den Kissen; unsichtbar leuchtete schon die Krone der Gerechtigkeit über ihm. Mit Tränen blickten zwei liebende Augen auf das, was an C. H. Spurgeon sterblich gewesen war. Er hatte den Kampf des Glaubens durchfochten, er hatte Glauben gehalten. »Als wir fünf am Sterbelager niederknieten«, berichtete einer der Getreuen, »hatte ich das Gefühl, daß ich jetzt mit allen und im Namen aller beten sollte; aber wir waren so ergriffen, daß wir nur still betend auf den Knien blieben. Da erhob die tief betrübte Gattin ihre Stimme und dankte Gott für die vielen Jahre, in denen sie die unaussprechliche Freude gehabt habe, an der Seite eines so treuen Gatten pilgern zu dürfen. Sie betrachtete ihn als geliehen. Schon vor sieben Monaten war sie bereit gewesen, ihn dem Herrn zurückzugeben; und nun hatte sie ihn noch sieben Monate länger behalten dürfen. Das erschien ihr als besonderes Geschenk Gottes. Nun sei sie auch völlig bereit, ihn an den zurückzugeben, der ihn ihr geliehen habe.«

»Im Februar werde ich zu Hause sein«, pflegte Spurgeon zu sagen, wenn er in den letzten Wochen gefragt wurde, wann er wieder nach London zurückkehren werde. Er sollte – auch diesmal – recht behalten. Er war nun ›daheim‹ im Reich des ewigen, unbeschreiblich hellen Lichtes, in jener Herrlichkeit, aus der er schon zu seinen Lebzeiten himmlisches Geflüster vernommen hatte.

Man beschloß, die sterbliche Hülle des Entschlafenen nach England überführen zu lassen. Ehe dies geschah, wurde in einer Kirche des Städtchens, in dem er so manchen Winter zugebracht und so vielen zum Segen geworden war, ein feierlicher Gedächtnisgottesdienst gehalten. Zu diesem Zweck war kein Gotteshaus geeigneter als die Schottische Presbyterianische Kirche, bei deren Eröffnung Spurgeon ein Jahr zuvor die Predigt gehalten hatte.

Abschied

»Da kamen seine Jünger und nahmen seinen Leib und begruben ihn und kamen und verkündigten das Jesus« (Matth. 14, 12).

Auf dem Viktoria-Bahnhof in London traf am Montag, dem 8. Februar 1892, der Zug ein, der den Leichnam von C. H. Spurgeon brachte. Als der schöne Sarg aus Olivenholz auf den Leichenwagen gehoben wurde, drängten sich viele Leute, mit entblößtem Haupt und mit Tränen in den Augen, hinter dem Sarg, um dem Heimgegangenen ein erstes Geleit zu geben. Bald waren Tausende zusammengelaufen, die den Toten bis hin zum »Pastors College« begleiteten. Dort wurde der Sarg in den reich geschmückten großen Saal des Seminars gebracht.

Am Abend gegen zehn Uhr wurde der Verstorbene von Studenten seines Seminars ins Tabernakel getragen. An der Plattform, von der man einst seine Stimme hörte, stellten sie den Sarg nieder. Die von der Witwe mitgebrachten großen Palmenzweige wurden als ein Triumph- und Siegeszeichen über dem Sarg ausgebreitet. Frau Spurgeon schrieb eigenhändig einen letzten, lieben Gruß: »Du bist bei Christus, wo es viel besser ist. Ich werde Dir nachfolgen, mein Gatte. Nimmer stirbt die Liebe der Frau Deiner Jugend.«

Am Dienstag, dem 9. Februar, war von morgens sieben bis abends sieben Uhr das Tabernakel geöffnet. Ein Strom von fünfzig- bis sechzigtausend Personen bewegte sich den Tag über durch die Gänge des Gotteshauses. Menschen aller Klassen, hoch und niedrig, fanden sich hier ein. Der Sarg war von unzähligen Kränzen und reichen Blumenspenden umgeben; am Kopf- und Fußende waren auf Platten der Name, der Geburts- und der Todestag sowie folgender Spruch angebracht: »Ich habe einen guten Kampf gekämpft, ich habe den Lauf vollendet, ich habe Glauben gehalten« – eine Inschrift, die zwar sehr passend in bezug auf den Verstorbenen war, die er aber in seiner Demut nie hätte anbringen lassen. Auf dem Sarg lag seine Kanzelbibel, und zwar aufgeschlagen an der Stelle, die von so entscheidenden, wichtigen Folgen für sein inneres Leben gewesen war: Jesaja 45, Vers 22.

Nachdem alle aus der langen Prozession einen letzten Blick auf den

Sarg geworfen hatten, der die sterbliche Hülle des »Fürsten unter den Predigern« enthielt, wurde jedem zur Erinnerung an diese feierlichen Augenblicke beim Hinausgehen ein Exemplar der gedruckten Predigt der letzten Woche, die Spurgeon unter dem Titel »Gottes Wille in bezug auf die Zukunft« gehalten hatte, überreicht.

Am Mittwoch, dem 10. Februar, wurden im Tabernakel vier Gedächtnisgottesdienste abgehalten. Bei dem ersten las Dr. A. Pierson aus Amerika, der Spurgeon seit seiner Erkrankung auf der Kanzel vertreten hatte, einen Brief vor, den er gerade zuvor von Frau Spurgeon aus Menton erhalten hatte. Darin hieß es u. a.: ». . . Für mich ist es durchaus notwendig, daß ich stets hinaufblicke. Der Ausspruch des Engels ›Er ist nicht hier, Er ist auferstanden‹, ist nicht minder wahr in bezug auf meinen teuren Heimgegangenen als auf meinen geliebten Herrn. Heute ist er schon eine Woche im Himmel, oh, welche Wonne, welches Entzücken, das Angesicht seines Heilandes sehen zu dürfen! Oh, welch ein willkommenes Heim hat beim Verlassen dieser trüben Erde auf ihn gewartet! Obgleich er mir teurer war, als die Zunge es auszusprechen vermag, wünsche ich ihn keinen Augenblick zurück. Während dieser Schmerzenswoche werde ich viel für Euch beten. Mir ist zumut wie einem schiffbrüchigen Seefahrer, der mit knapper Not das Ufer erreicht hat und betrübten Herzens mit Tränen auf die blickt, die noch mit schweren Trübsalswogen zu kämpfen haben . . .«

Der erste Gedächtnisgottesdienst, an dem sich nur die nächsten Freunde und Gemeindeglieder beteiligten, begann morgens um elf Uhr; der zweite folgte nachmittags um drei Uhr für Prediger und Studenten aller Denominationen und der dritte für solche, die unter allen Denominationen in christlicher Liebesarbeit tätig waren sowie für Nichtmitglieder der Tabernakelgemeinde um sieben Uhr. Abends um zehn Uhr hatte man den vierten Gottesdienst für das Publikum im allgemeinen anberaumt. Das große Gotteshaus war auch jetzt am späten Abend noch gedrängt voll. Erstaunlich war die relativ große Anzahl von Männern in den Gottesdiensten. Im Anschluß an die jeweiligen Andachten blieben immer Menschen zurück, die noch einen letzten Blick auf den Sarg werfen wollten. Am Donnerstag, dem 11. Februar 1892, morgens elf Uhr, begann im Tabernakel der Begräbnisgottesdienst. Nachdem die Feierstunde mit Gesang und Gebet eröffnet worden war, trat Prediger Archibald Brown ans Rednerpult. Er wurde vorgestellt als einer der ersten Studenten des Predigerseminars und persönlicher Freund des Entschlafenen. Auch galt er als ein eifriger Arbeiter in der großen Weltstadt London. »Wie gern mancher von uns das Leben gelassen hätte, wenn durch unseren Tod sein Leben erhalten worden wäre, weiß Gott allein!« sagte Prediger Brown. »Aber Gott hat es anders gewollt. Er ist gegangen, und die Unwürdigen sind zurückgeblieben.« Danach las er ausgewählte Schriftstellen vor. Dem letzten Bibelvers: *»Da kamen des Johannes Jünger und nahmen seinen Leib und begruben ihn und kamen und verkündigten das Jesus«*, fügte der Redner nur noch die Worte hinzu: »Das ist auch alles, was wir jetzt tun können.«

Im Anschluß an Prediger Brown hielt Dr. A. Pierson die Abdankungspredigt. Unter anderem sagte er: »Die Riesenzeder des Libanon ist gefallen; ihr Fall erschüttert das ganze Land und hallt durch die Welt. Seit mindestens hundert Jahren ist in der christlichen Kirche keine solch große Lücke entstanden. Seit hundert Jahren hat kein Ereignis die Christenheit so sehr ergriffen und in solch tiefe Trauer versetzt wie der Tod von *Charles Haddon Spurgeon.* – Die Zeit erlaubt mir nicht, länger zu reden; ich kann nur noch hinzufügen, daß wir gekommen sind, um den Toten zu begraben. Wir freuen uns, daß diese kostbare sterbliche Hülle nicht unter den Palmen- und Olivenbäumen an den Ufern des Mittelmeeres ihre letzte Ruhestätte findet, wo es nur Reichen und Angesehenen vergönnt gewesen wäre, nach seinem Grabe zu pilgern, sondern daß sie auf unserem Norwood-Friedhof begraben wird, wohin alle, reich und arm, die ihm so gern lauschten, den Weg finden können . . .« Er sprach: ». . . Wir danken Gott für dich, mein Bruder. Wir freuen uns, daß durch dich der Himmel reicher geworden ist, obgleich wir ärmer geworden sind. An diesem deinem Sarge geloben wir feierlich, daß wir durch Gottes Gnade versuchen wollen, in deine gesegneten Fußspuren zu treten, so wie du deinem hochgelobten Herrn nachgefolgt bist!«

Nachdem Prediger Hall ebenfalls eine kurze Ansprache gehalten hatte, sprach auch er ein herzergreifendes Gebet und schloß mit den Worten: »Wir danken Dir, Herr, daß sein Tod kein vorzeitiger war, denn Du weißt, wann Deine Diener reif und tüchtig zum Eingang in die Herrlichkeit sind.«

Als der Sarg von acht Trägern zum Totenwagen getragen wurde, vernahm man lautes Weinen und Schluchzen. Aus dem Bericht über diesen Tag entnehmen wir: »Der offene Leichenwagen, in dem der Olivensarg seiner letzten Ruhestätte, dem Norwood-Friedhof, zugeführt wurde, hatte an beiden Seiten den Text: ›Ich habe einen guten Kampf gekämpft . . .‹ Auf dem Sarg lag außerdem Spurgeons offene Kanzelbibel. Wie auf den Sarg eines Kriegsmannes Helm und Schwert gelegt werden, so war der Sarg des Streiters Gottes mit dem ›Schwert des Geistes‹ geschmückt. Ein Leichenzug wie der dieses ›Fürsten unter den Predigern‹ ist kaum zuvor in der Weltstadt gesehen worden. Langsam bewegte sich der feierlich dahinschreitende Zug durch die Straßen, in denen Tausende von Zuschauern Spalier bildeten. Darüber hinaus waren die meisten Fenster dicht besetzt und ebenfalls die Dächer von Menschen belagert, die mit ernster, seltener Feierlichkeit zuschauten.

Die Glocken von St. Mary's, Newington und St. Mark's, Kennington, gaben dem allerverehrtesten Manne das Grabgeläute; die Läden waren geschlossen, viele mit schwarzem Tuch behangen, manche mit Portraits geschmückt. Sogar die Wirtshäuser waren an diesem Tag geschlossen. Die Flaggen wehten auf halbmast. Hinter dem Leichenwagen, an dessen Spitze sich eine Abteilung berittener Schutzleute befand, fuhr die leere Kutsche des Verschiedenen. Ihr folgten vierzig andere Wagen. Im ersten befand sich Charles Spurgeon, der sein Krankenbett verlassen hatte, um seinem geliebten Vater die letzte Ehre zu erweisen. Mit ihm im Wagen saßen seine Gattin und Prediger Archibald Brown. Im nächstfolgenden Wagen saßen James Spurgeon, der Bruder des Entschlafenen, und der Bischof von Rochester, der den Wunsch geäußert hatte, dem Verstorbenen das letzte Geleit geben zu dürfen. Im Anschluß an die Verwandten folgten die Sekretäre, Diakone, die Ältesten der Gemeinde sowie die engsten Freunde.

Die ergreifende Szene erreichte ihren Höhepunkt, als der Trauerzug an dem Stockweller Waisenhaus vorüberzog. In tiefer Trauer erwarteten die Kinder, auf einer zu diesem Zwecke für sie errichteten Plattform stehend, den Zug. Sie sollten und wollten ja singen, aber Tränen erstickten ihre Stimmen, denn nun waren sie erneut ›verwaist‹. –

Als der Sarg in die offene Gruft herniedergelassen wurde, sprach

Prediger A. Brown die Worte: ›Es hat unserem himmlischen Vater, dem allmächtigen Herrn über Leben und Tod, gefallen, die Seele unseres verstorbenen Bruders aus dieser Welt zu sich zu rufen. Wir übergeben deshalb seinen Leib dem Grabe – Erde der Erde – Staub dem Staube – Asche der Asche, in sicherer Erwartung des zukünftigen Tages, an dem alle, die in den Gräbern ruhen, die Stimme des Sohnes Gottes hören werden und auferstehen.‹

Vor sichtlicher Erregung stockend, fuhr der Redner fort: ›Geliebter Präsident, treuer Hirte, Fürst unter den Predigern, geliebter Bruder, teurer Spurgeon – wir sagen nicht Lebewohl, sondern nur auf kurze Zeit ›Gute Nacht‹! Beim ersten Anbruch des Auferstehungstages der Erlösten wirst du wieder auferstehen . . . Unermüdlicher Arbeiter auf dem Felde, dein Tagwerk ist zu Ende . . . Die Furchen, die du gepflügt hast, sind gerade. Kein Zurückschauen hat deinen Lauf gehemmt. Deinem geduldigen Säen ist die Ernte gefolgt; der Himmel ist schon reich an deinen gesammelten Garben und wird durch die kommenden Jahre noch bereichert werden. Held Gottes! Dein Kampf, so lange und tapfer ausgefochten, ist vorüber; das Schwert, das du fest umklammert hieltest, ist deiner Hand entfallen; sie schwingt jetzt einen Palmenzweig. Nicht länger drückt der Helm die Stirn, die oft ermüdet war von den im Kampfe sturmbewegten Gedanken; ein Siegeskranz aus der Hand deines obersten Feldherrn ist bereits dein sehr großer Lohn. Hier wird auf kurze Zeit dein Staub ruhen. Dann wird der, den du über alles liebtest, kommen und dich wecken. Auf Seine Stimme hin wirst du dich aus der Erde erheben, um mit Ihm im verklärtem Leibe in die Herrlichkeit zu gehen. Dann wirst du mit Geist, Seele und Leib das Erlösungswerk deines Herrn verherrlichen. Bis dahin schlafe, Geliebter! Wir rühmen Gott und dich und hoffen, durch das Blut des ewigen Bundes droben mit dir zusammen Gott zu preisen, Amen.«

Wohl dir, du Kind der Treue!
Du hast und trägst davon
mit Ruhm und Dankgeschreie
den Sieg und Ehrenkron.
Gott gibt dir selbst die Palmen
in deine rechte Hand,
und du singst Freudenpsalmen
dem, der dein Leid gewandt.

Das unergründliche Geheimnis

Fragen wir uns noch einmal: Worin lag das Geheimnis seiner Schöpferkraft, der nie versiegende Reichtum seiner geistlichen Illustrationen und sein Erfolg, so werden wir nach wie vor viele Antworten erhalten. Schon zu seinen Lebzeiten wurden Analysen angestellt, aber auch nach seinem Abscheiden bis auf den heutigen Tag gab und gibt es viele Meinungen über diese herausragende Persönlichkeit des Gottesmannes Spurgeon. Aus der Fülle der Beurteilungen möchte ich hier noch einige Kostproben anbieten:

»Gott schenkt nur alle hundert Jahre einmal einer Nation einen großen Mann; bald ist es diese, bald jene Nation; bald diese Kirche, bald jene; bald diese Gemeinde, bald jene; und nun war England, waren die Baptisten an der Reihe.«

Sein Sohn Charles formulierte es in dem Satz: »Dieser war auch mit dem Jesus von Nazareth!« Während Thomas, sein Zwillingsbruder, meinte: »Mein Vater war sehr fleißig, er war immer darauf aus, sein Bestes zu tun, um seinem Herrn erfolgreich zu dienen.«

Mit Sicherheit wirkte Spurgeon zu einer Zeit, als das geistliche Leben Englands und vielleicht auch der gesamten Christenheit einen Tiefpunkt erreicht hatte. Man bewegte sich in erstarrten Formen des kirchlichen Lebens; der Geist Gottes konnte nicht ›wehen‹ wie einst in der ersten Gemeinde zu Jerusalem. Hier benutzte nun Gott die Persönlichkeit eines völlig unorthodoxen Laien, eines vom Feuer des Heiligen Geistes entzündeten Autodidakten, der nur die wunderbaren Register seiner Vielseitigkeit zu ziehen brauchte, um in genialer Weise in die Tasten des göttlichen Instrumentes zu greifen, aus dem die brausende Fülle himmlischer Harmonien entströmte, hinein in die Herzen seiner Zuhörer.

Nicoll beschrieb das Geheimnis seines großen Erfolges in drei Worten: »Der Heilige Geist!«

»Er kleidete alle Wahrheiten in ein neues Gewand«, meinte ein Zeitgenosse.

»Vor allem: Er war ein Priester.«

»Das Geheimnis seiner Kraft? Seine absolute Selbstlosigkeit. Er hätte vielfacher Millionär sein können; aber er gab sein Irdisches wie sein Geistliches restlos seinem Herrn.«

»Er sprach immer als ein Wissender, als einer, der sich seiner Botschaft ganz gewiß war.«

»Er fragte nicht nach der Meinung anderer, sondern folgte seinem Auftrag.«

»Er hatte ein Herz, gefüllt mit Liebe und tiefem Mitleid für die Sünder. Er wollte, daß am Tag der Wiederkunft Christi möglichst niemand fehlen möchte.«

»Er brachte bei seiner Geburt den Schlüssel zu den Menschenherzen mit auf die Welt.«

»Man konnte nicht anders, als ihn liebhaben, wenn man in seine Nähe kam.«

»Die heilige Einfalt bei aller Energie, seine Unerschrockenheit und Festigkeit! Er war ein Kind Gottes und blieb es bis an sein Ende.«

Vielen Christen erschien er zu einfach, nicht »bibelkritisch« genug. Er verkündigte das Evangelium so unkompliziert und klar, wie es sein Meister Jesus Christus getan hatte. Für ihn gab es keine »berechtigten Zweifel« an der Gesamtinspiration der Bibel durch den Heiligen Geist. »Seine Bibel ging ihm über alles, er hat ihr nie kritisch, abschwächend oder herabmindernd gegenübergestanden, sondern hat stets versucht, die heiligen Sprachgefäße bis an den Rand mit göttlichen Offenbarungen zu füllen.«

Spurgeons Einstellung zur Heiligen Schrift erfahren wir von ihm selbst: »Wenn ich etwas in der Bibel nicht verstehen kann, so ist es mir immer, als wenn Gott mir einen Stuhl davorstellt und mich einlädt, zu verweilen, nachzudenken und niederzuknien, bis mir diese Tiefe Gottes offenbar geworden ist.«

Als in der zweiten Hälfte des 19. Jahrhunderts liberale und rationalistische Theologen wie Pilze nach einem warmen Frühlingsregen aus dem Boden schossen, kämpfte Spurgeon mit Löwenmut gegen diese zersetzenden Kräfte. Als Zweifel an der Inspiration der Bibel durch den Heiligen Geist in Umlauf kamen, als man das Opfer Jesu Christi und die Erlösungskraft seines Blutes in Frage stellte, ja, als die Existenz der Hölle bestritten wurde, war es Spurgeon, der gegen die Mächte des Feindes als überragender Kämpfer zu Felde zog. Bei diesen Kernfragen durfte ein Mann wie er nicht schweigen!

In den Jahren von 1887 bis 1892, das heißt also bis zu seinem Tode, gab es kaum eine Ausgabe seiner Zeitschrift »Schwert und Kelle«, in der nicht die verwässerte und entstellte Verkündigung des Evangeliums angeprangert wurde. Besonders schmerzlich war es für Spurgeon, daß sich diese antichristlichen Lehren selbst in die Reihen seiner Mitbrüder, nämlich in die Baptistenunion, einschleichen konnten. Als sich der Baptistenbund dann auch noch verpflichtet fühlte, Spurgeon einen Verweis wegen seines unerschrockenen Kampfes gegen die Liberalen innerhalb der eigenen Reihen zu erteilen, zog er sofort seine Konsequenz und erklärte seinen Austritt. Er wollte das Evangelium unverfälscht und ungekürzt predigen können. Nachdem er seine Austrittserklärung ausgesprochen hatte, erschrak man sehr und versuchte, ihm goldene Brücken zu bauen, um eine Rückkehr in den Baptistenbund zu ermöglichen. Vergeblich! Er ging seinen Weg beharrlich nach dem Motto: Allein das Wort!

Auch hierin können wir das Geheimnis eines bleibenden und vollmächtigen Segens erkennen, der sich über seinem Werk lagerte.

Zeitgenossen von ihm sagten: »Er hat ein betendes Volk hinter sich. Wie oft bewegte sich die Stätte, wenn die Gemeinde zum Gebet beieinander war.«

Nach dem Austritt aus dem Baptistenbund schien ein großer Schaden über sein Missionswerk zu kommen. Freunde, die sich oft mit nicht unerheblichen Summen an der Förderung und Unterhaltung der Waisenhäuser sowie des Predigerseminars beteiligt hatten, entzogen ihm jetzt entrüstet ihre Hilfe. Einer dieser ehemaligen Gönner schrieb erbost: »Keinen Pfennig werde ich mehr spenden.«

Als Frau Susi diesen unheilvollen Brief geöffnet hatte, erschrak sie zuerst. Sie tat dann aber das, was König Hiskia einst getan hatte, sie breitete diesen Brief vor ihrem Herrn aus. Als sie darüber betete, wurde es in ihrer Seele ganz still; ja, sie mußte auf einmal laut lachen, denn was konnten Menschen tun, wenn die Allmacht Gottes auf ihrer Seite war?

In diesem Sinne schrieb sie ihrem Mann nach Menton und erhielt von ihm ein Telegramm mit folgendem Inhalt:»Ich lache mit Dir! Der Herr wird uns nicht verlassen.«

Im darauffolgenden Brief, den er ihr gleich schrieb, stand zu lesen: »Du bist mir wie ein Engel Gottes.«

Wunderbare Hilfsquellen taten sich auf von nicht vermuteten Seiten. Trotz allen Kampfes und aller Anfechtungen erwies sich der Segen Gottes in zunehmendem Maße als dauerhaft und stark. Ein Kritiker, der Spurgeons »Blutstheologie« als zu einfach und viel zu laienhaft angriff, sagte, nachdem Spurgeon ihm erklärt hatte, daß er von seinem Standpunkt kein Jota abgehen werde:»So werde ich den Staub von meinen Füßen schütteln zum Zeugnis über Sie!«

»Ach bitte, tun Sie das lieber nicht«, antwortete Spurgeon ruhig, »Sie machen mir dann den Teppich schmutzig. Aber vor der Tür finden Sie einen Kratzer und eine Strohmatte, die dem Zweck vollständig entsprechen.«

Er war sich seines Auftrags und seiner Lebensführung so gewiß, daß er zu seiner Frau sagen konnte:»Du kannst mein Leben in die Wolken schreiben, ich habe nichts zu verheimlichen.«

Er war auch davon überzeugt, daß man sich um seine Persönlichkeit viele Gedanken machen würde und sagte:»Wenn ich heimgegangen sein werde, wird man nach dem Geheimnis fragen, und viele werden ganz verschiedene Antworten geben. Ich selbst würde die Frage kurz beantworten: Meine Mutter und die Wahrheit meiner Verkündigung.«

»*Denn dieser ist mein auserwähltes Werkzeug, meinen Namen vor die Völker und Könige wie auch vor die Söhne Israels zu tragen. Ich will ihm auch zeigen, wieviel er für meinen Namen leiden muß*« (*Apg. 9, 15, Bruns*). Es ist kaum möglich, das umfassende Werk dieses auserwählten Mannes Gottes im Rahmen dieser Abhandlung darzustellen.

Kehren wir zum Ausgangspunkt unserer Betrachtung zurück und schreiben es mit flammender Schrift für alle Nachwelt:

»*Es war ein Mensch, von Gott gesandt, der hieß C. H. Spurgeon.*«

Quellenverzeichnis

Charles Haddon Spurgeon
Prediger, Schriftsteller und Philantrop
v. G. Holden Pike, Hagen i. W., 1887

Spurgeon – Sein Leben und Wirken
Biografie des Fürsten unter den Predigern
R. Schindler, London, Verlag J. G. Oncken, 1898

C. H. Spurgeon, der Wecker einer neuen Zeit, von A. Hoefs
Verlag J. G. Oncken, Kassel, 1934

Exzentrische Prediger, von C. H. Spurgeon
Hamburg, J. G. Oncken, 1881

Die Kunst der Illustration, von C. H. Spurgeon
Verlag Max Kielmann, Heilbronn, 1895

Vom Geistlichen Reden, von Helmut Thielicke
Begegnung mit Spurgeon
Quell-Verlag, Stuttgart, 1961

A History of Spurgeons Tabernacle
Eric W. Hayden, 1971
Pilgrim Publications, Pasadena, Texas 77501

A Pictorial Biographie of C. H. Spurgeon, 1974
Pilgrim Publications, Pasadena, Texas 77501